投資不投機

儲蓄 × 基金 × 證券

精打細算，突破盲點，人生第一桶金早就捧在懷裡！

目錄

前言

第 1 章　投資觀念篇
—— 沒有最好的，只有最適合自己的

第 2 章　投資儲蓄篇

—— 要致富，先「存款」

第 3 章　投資保險篇

—— 賺錢消費固然要，但也別忘買保障

第 4 章　投資基金篇

—— 年輕人投資理財不妨偏重點基金

第 5 章　投資股票篇
—— 新手投資股票比重應比基金少些

第 6 章　投資債券篇
—— 適合年輕族群的低風險資產分配

第 7 章　投資房產篇
—— 看好時機，量力而行

第 8 章　投資黃金篇
—— 財富保值增值的好選擇

第 9 章　投資健康篇
—— 保養好身體才最保值

第 10 章　自主創業篇
—— 我的地盤我做主

前言

如今的「九年級」一代，許多人從小衣食無憂、生活沒有壓迫感，缺乏長遠意識，對於手中的錢財，常會停留在學生時期有多少花多少、想買什麼就買什麼的階段，甚至利用銀行借貸，而隨意擴張信用，造成負債累累、入不敷出的窘境；對此，首先要搞清楚什麼是投資與消費。消費與投資是一個相對的概念。消費是現在享受，放棄未來的收益；投資是放棄現在的享受，獲得未來更大的收益。所以年輕族群在生活消費上要區別輕重緩急，有取有捨。犧牲目前的花錢快樂，是為了獲取未來更高品質的消費。

投資理財專家的觀點是：錢多錢少，都有財可理。一些年輕人喜歡挑戰和刺激，期望能在股市大賺一筆，但這種急功近利的思維很危險，畢竟風險太大。理性對待，不要看到別人買股票、基金賺錢就盲目跟風，更不能借錢去投資。股票和基金都是相對專業的理財方式，如果要參與，一定要選擇良好的基金公司和產品，對網路流行的內幕資訊要加以防範。選擇基金時要注意分散風險，可以在追求高收益的同時搭配部分低風險理財產品，保證資金的流動性和安全性。股市瞬息萬變，需投入很大的精力和財力，而不應過度關注股市而忽視了自己的本職工作。

如今很大一部分職場新鮮人，都是大學以上學歷、中等收入、暫時沒有贍養父母、撫養子女等家庭開銷，按照收入和開支水準，

前 言

其實每個月平均都可以有一萬左右的結餘；而如果把這一萬元累積起來謹慎投資，就將是一筆不小的財富！

第 1 章　投資觀念篇

——沒有最好的，只有最適合自己的

一定要設定投資理財目標

隨著理財知識的普及，越來越多的「九年級」懂得了理財的重要性。但是具體到該怎樣做時，可能多數年輕人會直接找到理財專員，向對方說明了自己的財務狀況後，便問對方：「我該怎樣理財？」如果這時對方反問一句「那麼你想達到什麼樣的目標呢？」相信不少人會被問得一頭霧水。

目標很重要，正所謂「凡事豫則立，不豫則廢」，只有確立了理財目標，才能圍繞目標制定切實可行的理財計畫，並且按部就班的去實行，最終達成這個目標。投資理財同樣如此，是否設定了明確的理財目標，將直接影響到理財工作能否順利開展。

現在很多「九年級」的年輕人並不明確自己的生活理想和目標，只是覺得錢賺得越多越好。但是如此籠統的概念該怎樣實現呢？也許對於那些絕對有錢的富翁來說，他們有足夠的金錢來用於隨意的消費，巨額的金融資產可以任意支配，即使自己的目標不明確，也不會發生經濟上的危機。但是在在現實社會中，大多數都還是普通人，這種富翁終究為數不多。因此，無論對誰來說，擁有生活的目標和理想，對自己的將來有所設計都是非常必要的。

通常來說，金融資產運用的目的越明確，具體操作時的效率就會越高。例如：有購屋的欲望，那麼就會事先準備一定的頭期款，等到真正遇上了合適的房子，就無須為經濟煩惱了。同樣，像進修、養育子女、照顧老人、安度晚年等，有這些目標存在，就會為這些採取必要的行動，作好經濟上的準備。相反，對於那些沒有明確生活目標的人來說，在運用自己的金融資產時，同樣沒有一個明確的目的，無疑會影響到資產運用的效率。可以說，理財的目標設計越明確，實現的可能性就越大。

其實為自己設定一個投資理財目標並不困難，簡單的說，設定投資理財目標要注意以下三點：

一、時間可定

有些人的理財目標是：「我要買一輛高級轎車！」可是什麼時候呢？難道等到八十歲的時候嗎？十年資產增值一倍已很不錯了，而三十年增值一倍就差多了，完全是兩個概念。因此我們的理財目標一定要有明確的時間。

二、數量可計

也有人說：「我要在五年內買間房子。「很好，可是現在房價相差很大，就算縮小至某個都市，也有不同地段的差別。另外，房子有很多種，你打算買哪種呢？如果說：「我要在五年內買市區一間五百萬左右的中古屋。」 這樣就比較清楚了，這個目標可以清晰的用貨幣來衡量，就是五百萬。

三、能力可及

我們在設定理財目標時還要考慮該目標是否符合個人能力和市場環境的要求。預定的目標一定是在當前條件下可以達成的才有意義。如果設定的目標遠遠超出自己的能力範圍，那和天方夜譚又有何區別呢？

第 1 章　投資觀念篇—沒有最好的，只有最適合自己的

大學剛畢業的小明今年二十三歲，在一家公司工作，每個月固定收入三萬元，獎金和各項補助三千元。日常開支方面，房租是主要支出，每月需要一萬元，衣食支出一萬，交通通訊支出兩千元及其他支出三千元。小明手上有活期存款二十萬元（其中父母資助四十萬元），定期存款五萬元。目前沒有其他負債，風險承受能力中等。

說起自己的理財目標，小明希望能把閒置資金做一個規劃，盡快擁有一間屬於自己的公寓，從而結束租房的生活，等到條件成熟時，再在無貸款的前提下購置自己的第一輛車。

我根據小明的理財目標為他設置了具體的規劃：

小明的投資理財目標比較明確，經過分析可知，由於小明在公司工作，通常比較穩定，收入相對可觀，但是他的工作性質決定了他在平時沒有過多的精力可以投入到理財中。因此，小明的投資理財策略不應過於偏激，投資工具應主要以中短期的債券、基金為主。

具體來說，小明可將存款分為三個部分。

從活期存款中取出十萬元購買債券基金。

另外，由於小明每個月有將近一萬五千的資金結餘，以該市目前的房屋均價來看，由於一個人住，可以先購買一間小套房。建議從剩餘的活期存款中取出用於頭期款，其餘款用房貸二十年。

剩餘的資金可以購買一些家用電器、家居等生活大件用品。

至於買車，由於小明資金有限，最好不要和買房同時進行。雖

說小明申請貸款買車也不是沒可能，但是這樣一來，每個月的流動資金就非常有限了，如果遇到突發事件，就顯得力不從心。建議小明把買車的事情先放一放，等到一切穩定之後再做考慮。

讀者互動

問：投資與理財是一回事嗎？

答：現在很多投資者一說起理財，就認為是買賣股票、基金、黃金、期貨等投資行為。其實，投資並不等同於理財，理財包括投資，但不僅僅是投資。理財應該分為「進攻」和「防守」兩個部分，進攻以資產增值為目的，防守以防止資產流失為目的。而投資就是我們所說的進攻。理財更多的是對人生、養老、投資、風險管理、遺產等一系列問題的整體規劃。如何有效的利用每一分錢，如何抓住每一個投資機會，是理財的目的所在。

投資理財不能急於求成

「九年級」是充滿熱情朝氣的一代，也是被父母寵愛的一代。無論你是「富二代」還是「負二代」，理財都將是影響你一生幸福和成功的關鍵。而成功理財的前提，則首先要擁有一個平和的理財心態。

打算投資，就一定要做好承擔風險的準備。現在市面上儲蓄、國債、保險、基金、股票等金融投資產品可以說琳瑯滿目，但沒有一項是絕對安全的。其中基金、股票漲跌自然不用多解釋，即便是看來「非常安全」的銀行儲蓄，也存在利息增值不如消費指數漲幅的風險。投資理財是一個長期持續的過程，財富的成長也非一蹴而就。因此，無論何時不能急於求成，要以平和的心態去面對。

投資理財時，首先要充分了解自己所需，設定理財目標。不同的個人、不同的家庭，在不同的人生階段、財務狀況和風險承受能力上都是不盡相同的。因此，投資理財一定要在對個人和家庭情況充分了解的基礎上，根據需求設定短期、中期和長期三種理財目標，合理配置資金，選擇適合的投資理財產品。例如對於廣大「九年級」來說，我們的理財目標可能是購置房產，等到結婚生子後則需要開始為孩子籌備教育經費，而步入中年後就要為保障退休生活而理財了。

投資者除了充分了解自己的風險承受能力、財務狀況和理財目標外，還應對投資環境有足夠多的了解。正所謂「知己知彼，百戰不殆。」一般來說，投資大環境與總體經濟環境、政治環境等息息相關：經濟衰退，股市萎縮，股價下跌；反之，經濟復甦，股市繁榮，股價上漲。投資者在充分認清大環境的前提下去投資，就可以避免逆勢操作。

了解大環境的途徑有很多，例如投資者可以透過報章及網路了解經濟動態、最新政策以及股市變化；透過閱讀金融機構發布的研究報告或參加金融機構舉辦的研討會，獲得具有參考價值的資料和觀點；或透過上市公司的年報了解公司表現、財政狀況及未來發展計畫。了解了這些以後，投資者就可以根據市況的變化及時調整投

資組合，以提高投資效益。

這裡需要注意的一點是，了解大市況千萬不要透過小道消息。相信不少投資者都喜歡打探小道消息，熱衷於對一些有炒作題材的股票進行投機，希望可以藉此一夜致富。但是，投資畢竟不同於投機，投資是一次成功的投機，而投機是一次不成功的投資。投資的本質是透過對影響投資的經濟因素、政治因素、行業發展前景、上市公司的經營業績、財務狀況等要素的分析，以公司的成長性以及未來發展潛力為關注重點，從而判定資產的內在投資價值。而投資的真諦就在於透過對資產基本面的分析，對資產的內在價值進行評估，並透過對價格和內在價值的比較去發現並投資那些市場價值低於其內在價值的潛力資產，以期獲得超過基準指數成長率的超額收益。一般來說，投資都有個底限，只要認清了投資的真諦，就不會虧得如此血本無歸，而投機則有可能將所投入的財產全部虧掉，甚至要賠錢。

「謙虛使人進步，兼聽則明」的人生態度用在投資理財上同樣適用。投資展現的是一個集體智慧的工作，而真理往往掌握在大多數人的手裡。因此，在做每個項目的決策時，除了自己要有成熟的想法和投資邏輯以外，還要抱有一種虛心求學的心態，參照集體的智慧和判斷。

投資理財過程中，最為忌諱的就是急於求成的心態。例如有些炒股的股民，總把股票投資等同於賭博，帶著賭博的心理去參與證券市場的投資。這些具有賭博心理的股市投資者，總是希望能一朝發跡，寄望於買賣一次或幾次股票後就成為百萬富翁。當他們在股市投資中獲利，多半會被勝利沖昏頭腦，失去理智，繼而像賭棍一樣頻頻加注，恨不得把自己的身家性命全押在股市上；反之，如果他們在股市失利，又往往會輸紅了眼，常常會不惜一切背水一戰，把資金全部投在股票上。這種急於求成的心態使他們多半落得傾家蕩產的下場。股市的特點就是高風險、高收益，如果投資者總以這種心態去購買股票，肯定很難獲利，而且還可能會被股市的高風險所擊倒。

因此，在投資理財過程中要時刻保持清醒的頭腦，不要急於求成，如果亂了心態，往往操作行為也會反其道而行之，保持一顆平常心很重要。

讀者互動

問：我自從買了股票後就天天盯著它，行情有點風吹草動就會令我不安，我該怎樣才能保持好心態呢？

答：投資者最好不要每日都盯著股票，更不要讓股票套牢了自己的生活。股市不可能每天都有行情，相反，如果日日忙於股市，時時都想從股市上獲益，其結果必將影響個人的心態。因此，投資者平時要注意培養自己的獨立判斷分析股市的能力，股市中最可信賴的是自己的判斷。只有相信自己的能力能及時有認錯的勇氣在發生錯誤的時候才能及時停損、停利，不怕、不悔，該出手時就出手。這樣才能保持好的心態。

投資要注重保本

不知你在投資時是否有過這樣的經歷：明明做的是短線，到了停損位卻一再安慰自己應該還會漲上去的，這點損失很快就回來了，就當成是做中線吧；可惜大盤很不給你面子，繼續下跌，等到了中線停損點了，你又告訴自己它還是應該會漲上去的，反正虧損也不算太大，不如就當成是做長線吧。結果在這種一而再再而三的僥倖心理支配下，越虧越多，變成水餃股，甚至是壁紙。投資中的這種僥倖心理就像是掩耳盜鈴，明明危害已經發生，卻一直用各種理由逃避，最後只會使自己血本無歸。

我的朋友李燕就是僥倖心理的受害者。她於二〇〇七年開始投資股票，到了二〇〇八年六月已經虧損了百分之六十左右。我們在聊起此事時，她告訴我她已經將所有的積蓄都投進了股市，同時持有好幾檔股票，原來一百多萬的本錢已經跌至四十萬了。我問他為什麼不適當分倉操作，及時做好停損，她的回答很坦誠，當時就想多賺錢，朋友告訴她補倉遲早能賺錢，於是她就把全部家當投進去了，沒想到會跌這麼多。從買進股票之後天天看到股票在跌，直到去年六月見她時，她每天看著虧損不知是拋還是該拿著。既擔心跌到很低，又怕拋了股票之後拿不回損失的資金，進退兩難。

相信不少股民都有過類似的經歷，當股市剛剛進入熊市以後，許多人明明已經發現市場是山雨欲來風滿樓，但是仍然幻想著股市跌不深、幻想著救市、幻想著反轉、幻想手中的股票一夜間成為黑馬，就在這種種不切實際的幻想中浪費掉了無數次的逃生機會，這些幻想就是誕生於僥倖心理之上。

還有些剛剛入市的投資者，由於缺乏對股市的必要了解，看到別人炒股賺錢了，就以為股市是提款機，自己可以透過股市一夜暴富和快速發財。實際上，炒股是一種投資行為，它與其他實業投資行為一樣，有投入有產出，有風險有收益。而那些抱有僥倖心理的投資者通常缺乏正確判斷市場、辨別趨勢的能力，因此他們的投資行為往往是建立在沒有客觀依據的基礎上的，對他們來說，選股就如同是押寶，買賣操作就像賭博。

但是多數人不會承認自己這是在賭博。可是如果你沒有把其當成一種賭博，而是一種事業，那麼你在這項事業上投入了多少時間和精力呢？我們都知道，如果一個人想當數學家、物理學家、電機工程師或醫生、律師等等，他們首先要做的事，一定是去學習以獲取最必要的基礎知識。投資理財同樣如此，如果想得到高額的報酬，一定不能懶惰，應該努力學習相關知識，畢竟「知己知彼」，才能「百戰不殆」。

投資不應始終抱有一種僥倖心理，還應從提高自身抵禦風險的能力入手。例如：在具體實施操作前，要制定周密的操盤計畫；在操作方案中一定要有完善的停損計畫和停損標準，並且在發覺投資失誤時，要果斷、及時的停損，只有這樣才不會在突如其來的打擊中束手無策，也不會在漫漫熊途中越套越深。

要記住：沒有天上掉餡餅的好事，任何事情不付出艱苦的勞動，是不可能得到相對的報酬的。投資理財同樣如此，無論是散戶

還是大資金的運作者，每一次的僥倖心理換來的一定是一次失敗的教訓，無論何時還是保本優先。

讀者互動

問：我的朋友炒股時因為聽了相熟理財專員的內部消息而大賺了一筆，我能從哪打聽到那些內部消息呢？

答：市場上的「內部消息」、「小道消息」都是不可信的，這些都是投資者「一廂情願」的心理在作祟。因為投資人往往從自己的利害得失出發，對投資結果有一種主觀上的期盼，因而特別願意得到對自己有利的小道消息。事實上，現在市場上的絕大多數所謂「小道消息」都是為了某個特別的利益集團的利益而散布出來的，這些消息對投資者而言並沒有實際好處。您的朋友因此大賺了一筆，那也只能是碰巧，而不是必然。

投資理財要懂得持之以恆

隨著「九年級」投資觀念的日趨增強，越來越多的年輕人在進行股票、基金投資的同時，還嘗試著房產、黃金等投資。但是由於年輕人經驗比較缺乏，在做這些事時投資期望不宜過高，應該謹慎、謹慎再謹慎。

孫女士和老公趙某都是「九年級」，去年剛剛結婚，還沒有孩子。夫妻倆的月收入加起來六萬元多一點，兩人的年終獎金加起來也是六萬元左右，每月收入較為穩定。另外，趙某還持有公司股票，價值四十萬元左右，還有一間價值三百萬元左右的小套房，頭期款為兩人的積蓄以及一部分借款，抵押部分夫妻倆每個月需，現在剩餘的錢都用來還買房子時借親戚朋友的借款，大約明年年底會還完。

根據孫女士的家庭財務收支情況可以看出，夫妻倆屬於中等收入家庭，年收入大約在七十萬元左右、有房產和一定數量的股票，每年的支出中還房貸和日常花費約為二十萬元、還親友借款三十萬餘（此部分還清後可列入節餘進行投資理財），現在每月可拿出一萬元理財。

由於孫女士家庭目前處於成長期，正是家庭累積和逐漸穩定成熟階段，而且還要為下一步的子女養育計畫做準備。因此可以選擇定投於債券型基金，等到還清親友借款後，家庭財務較為寬鬆，年節餘為四十萬元左右時，可適當提高家庭生活品質，同時調整投資結構，選擇一些平衡型、偏債型基金等風險較大的投資，以獲取更高的收益。

對於像孫女士這樣的「九年級」來說，將來很有可能會面臨「倒金字塔」式的贍養負擔，因此，投資理財一定要謹慎，持之以恆才是真理。

千萬不要小看持之以恆的作用。假定有一位年輕人，從現在開始能夠定期每年存下一萬四千元，如此持續四十年。如果他再略懂理財，每年將存下的錢投資到股票或房地產，並獲得每年平均百分之二十的投資報酬率，那麼四十年後，他能累積多少財富？也許你

會猜二百萬元？或者八百萬元？最多不過一千萬元。然後，真正的答案一定出乎所有人的意料，一億多，一個令眾人驚訝的數字。這個資料是依照財務學計算年金的公式得之，計算公式如下：1.4萬(1＋20%)40＝1.0281億。

這個令人驚奇的資料告訴我們，一個二十五歲的上班族，如果依照這種方式投資到六十五歲退休時，就能成為億萬富翁了。如此投資理財並沒有什麼複雜的技巧，關鍵是在觀念和態度，樹立正確的理財，並持之以恆的堅持下去，就一定會贏。其實每一個理財致富的人，只不過養成了一般人不喜歡、且無法做到的習慣而已。

理財致富並非「百米衝刺」，有時更像是「馬拉松比賽」，比的是耐力而不是爆發力。短期投資難以預測，而長期投資常常能獲得較高收益率。因此，九年級先投資，等待機會再投資，並堅持不斷的投資，才是屬於我們的最安全的投資策略。

讀者互動

問：為了安全起見，我是不是可以把錢全存進銀行即可？

答：目前，儲蓄是最為安全的理財方式，但是錢存在銀行短期是最安全，但長期卻是最危險的理財方式。銀行的存款利率太低，不適於作為長期投資工具。同樣假設一個人每年存一四千萬元；而他將這些錢全部存入銀行，享受平均百分之五的利率，四十年後他可以累積1.4萬元(1＋5%)40＝169萬元。這與投資報酬為百分之二十的專案相比，兩者收益相差七十多倍之多！

高報酬，需細心大膽

隨著經濟不斷發展，能選擇的理財品種也前所未有的豐富，股票、基金、保險、黃金、房產等理財詞彙紛至沓來。

案例一：

楚楚，公司行政職員，大學畢業生，月薪三萬左右。

儘管楚楚的薪資並不高，但她每個月都會堅持將自己的錢分為三部分，五千元存入銀行，五千備用投資股票和基金，剩下用於消費。目前楚楚住在父母家，不用擔心吃和穿，更不用擔心有買房的壓力。

像楚楚這樣的年輕人具有「九年級」的典型特徵：一方面極力想獲得經濟上的獨立，但另一方面又多為獨生子女，根本上依賴父母較強；在理財上，他們雖然也開始涉及一些項目的投資，但因資金較少，所以儲蓄仍是他們選擇理財的主要方式。

我們都知道，儲蓄是較為保守的理財方式，對於剛大學畢業的社會新鮮人來說，沒有過多的錢去投資理財，在這個時候選擇儲蓄也不失為良計。曾有人把收入比作河流，財富當成水庫，花出去的錢就是流出去的水，只有水庫中剩下的才是你的財。如果你每個月都是月光，那你有什麼財可理？所以說年輕人一定從存錢開始。

案例二：

小可，廣告公司設計，工作五年，月薪四萬元左右。

小可的薪資並不低，但是她每個月能結餘下來的錢並不多。這是因為她特別喜歡刷卡消費，在她的包裡永遠是卡比錢多。她這種被專家稱為「無感覺」的消費方式已經成為她的消費習慣。小可近期想買輛車代步，因此她很想盡快改變自己的財務狀況。

有了這個想法後，小可在工作之餘開始關注各大銀行以及相關機構推出的個人理財服務，在得到銀行精心設計的分期付款計畫後，小可下個月就可以坐上自己的新車了。銀行理財經理還給小可推薦了適時和符合個人切身情況的貨幣基金，獲利高過銀行利息，且保值係數較高。與此同時，她還選擇了定期定額計畫，既做到了開源，又得到了節流。小可認為：把錢交給專業的理財經理，既省時省力，又能最大限度的獲取報酬，是合理理財的有效方法之一。

眾所周知，理財的前提是有財可理，並且有將自己財產保值並升值的需求。而在自己對市場把握並不準確的情況下，像小可這樣選擇專業機構的理財顧問，不僅能提供相對全面的資料，為客觀的判斷和投資作參考依據，還可以對投資者提出專業中肯的意見，及時調整投資方向。可以說，只要正確選擇了理財機構，輕而易舉的為自己「錢生錢」並不是件難事。

案例三：

王碩，公務員，工作六年，月薪三萬元左右。

王碩的薪資不高，但是公務員的工作壓力相對企業來說要小很多。王碩今年準備結婚，高漲的房價和微乎其微的銀行利息讓王碩難以抉擇。經過多方諮詢和認真分析後，王碩決定將現有存款的百分之三十用於股票投資，雖然風險較大，但適時的見好就收為王碩獲得了較好的收益。

對於「九年級」的年輕人來說，應該儘早進入理財角色，投資品種時不要太過保守，可以適當接受一些挑戰型投資項目。不過，有些年輕人在選擇投資風險較大的項目時，容易造成急功近利的思想。因此，「九年級」要想獲得高報酬，需細心大膽兩者兼備。

讀者互動

問：我可以用信用卡買基金嗎？

答：與股票、外匯等投資工具相比，基金是一般人最容易上手的理財工具，持卡人以信用卡定期定額購買基金，可以享受先投資後付款及紅利積點的優惠。如果選在基金扣款日刷卡買基金，等到信用卡結帳日再繳款，期間不但可以賺取利息，若遇基金淨值上漲，等於還沒有付出成本就賺到了報酬。

別完全相信專業人士的分析

有些新手投資者過分依賴理財經理的話，認為他們所說的都是金科玉律，必須無條件遵守。其實，對於專業人士的分析，我們只能部分相信，行情發展還是應該自己把握。

張琳，銀行職員，月薪三萬元左右。張琳大學的主修專業是會計學，也許正因如此，張琳似乎對數字有天生的敏感。在她的電腦裡，下載有各式各樣新款的理財軟體，從最簡單的消費記帳軟體，

到炒股用的「大智慧」，再到基金淨值查詢……各類軟體應有盡有。為了方便即時關注股票證券走勢，張琳還在手機裡安裝了行動證券等相關 APP 軟體。

在張琳看來，要想玩轉股票，整天待在股票市場裡看盤是遠遠不夠的，那些專業人士的話只可以當做參考，不能完全相信，市場行情的發展還是應該自己掌握。在眾多軟體的幫助下，張琳能夠在很短的時間內找出一支股票的當前走勢、過往業績、季度報表、公司綜合實力指標等資料，從這些及時資訊中得出科學的數位性的判斷。

年輕人接受新事物的能力較強，像張琳這樣借助各種軟體投資理財的年輕人不在少數。在這些軟體的幫助下，及時了解市場的走勢，才有可能找到投資的最佳點。可以說，這種投資手段表示年輕人的投資心理趨於成熟。

管理學中有種現象叫「從眾效應」，通俗的說，就是「跟隨多數」，投資者自己沒有主見，盲目的聽取別人的意見。認為專業人士的話就一定對，而不管這件事情本身是否正確。「跟隨多數」的現象展現出了人們害怕承擔風險的心理，認為跟隨專業人士以及大多數人的意見，是明哲保身的訣竅。但是，跟隨多數也得分時、分地、分人，不能什麼事情都是一種模式。投資理財這件事就不能「跟隨多數」，因為，投資的失敗與否直接關係到自己荷包裡的錢的問題，與自己的利益息息相關，「跟隨多數」不再是萬無一失的防彈衣，自己的事情只能自己定。

就拿二〇〇五年中國前後的股市來說吧，當時該投資市場異常火爆，創出股票史上難得一見的大牛市。而且，不僅股價一飛沖天，連原來默默無聞的基金也屢創記錄，不少人在這個過程中賺得砵盆滿盈。這種現象讓很多沒有入市的民眾眼紅心動，比起銀行給的那點微不足道的利息，股市簡直成了創造神話的福地，那些專業的理財經理們此時也紛紛建議大家投資股票市場。普通民眾覺得與其看著血汗錢在通膨面前一點點貶值，還不如抓住這個好時候趕緊入市。於是那幾天，股票基金的新開戶人數都創出歷史新高，每天有幾百億的儲蓄轉化為股票基金。這些「跟隨多數」的散戶的紛紛入市，給機構投資者帶來了套利的好機會，之後，中國股市大跌，多少人至今仍然無法恢復元氣。

這個活生生的事例充分說明了盲目聽信他人的不安全性。要想在投資的過程中始終保持清醒的頭腦，避免出現「跟隨多數」的可能，就要弄清楚自己為何要投資。如果投資的目的是為了把財富保持在某一個令自己維持高品質生活的水準，那就不用理會其他人在做什麼；如果投資的方法已經過時間的考驗，就不必介意外界是否贊成你的觀點。而很多人之所以投資失敗，關鍵就在於他們沒有用自己的腦子理財，而靠的是耳朵理財。在這個投資管道多、選擇難度大的年代，投資者更應當避免盲從，對專業人士的建議有選擇性的聽取，對於行情的發展還應靠自己把握。

讀者互動

問：現在常用的炒股軟體都有什麼呢？我該怎樣選擇呢？

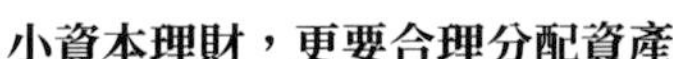

答：目前常有的炒股軟體有很多。每一款軟體幾乎都有決策提示，免費的同樣有，無非就是精確度的問題，股民在挑選軟體的時候，一定要找合法立案，這樣才能保證，資料的真實性、可靠性、合法性、準確性。

小資本理財，更要合理分配資產

李濤是「九年級」中的理財高手，畢業僅僅五年時間，投入的成本並不大，但是因為理財得當，已經靠自己的力量買了房和車。

李濤每個月的薪資收入在五萬元左右（不含兼職收入），妻子大約三萬元，夫妻倆加起來八萬元上下。每個月基本上是這樣安排的：一萬元是寶寶的教育定投基金，兩人健康保險等約一萬元，日常開銷三萬元左右，剩下的三萬元差不多都去買理財產品了。

李濤介紹說：「我們也曾冒過險，結婚不久以後，我們曾把全部家當投進了股市，現在想來都有點後怕，當然這是不理性的。對於『九年級』來說，要想達到自己理財的目的，重點在於把握資產分配。比如權益類投資，你如果全部買股票，如果遇到熊市，基本都是虧的多，賺錢的很少，而對於固定收益類產品，像債券型基金，就應該考慮多持有些。當然，無論如何，要充分考慮自身對收益的要求、風險承受能力，以及市場的形勢，綜合分析後再對大類資產進行有效的比例劃分。至於選擇哪個投資品種，什麼時候進入和退出，這些還不是資產分配中最關鍵的。

的確，合理配置資源對於像李濤這樣的小資本投資理財十分重要。正如一個有商業頭腦的人是不會將雞蛋放在同一個籃子裡的，他會將它的雞蛋放在好幾個籃子裡，從而使他的雞蛋面臨更小的風險而更安全的留存下來，至少不會所有的雞蛋都不剩。投資理財是同樣的道理，合理分配資產能夠有效的分散投資風險，獲取更高的報酬。

國立大學碩士畢業後的曹先生，先進入了一家知名企業任職；二十八歲那年，開始了自己的創業生涯，三十歲時就累積了上百萬的身家。曹太太和曹先生一路走來，創業的路上雖然辛苦卻也頗感溫馨。最初，曹太太在先生自己的公司負責財務性的工作，隨著公司的壯大，曹太太覺得家族作坊式的操作已經不太適應公司的發展。於是，便主動請辭了在老公公司的工作，賦閒在家。

過了一段輕鬆悠閒的日子，打拼慣了的曹太太有點坐不住了。多年的財務工作讓曹太太萌生了投資的想法。她覺得，家庭理財也是他們這個小家庭財政收入的重要環節。於是，夫妻倆經過商量，開始向比較有經驗的朋友打聽，到底投資什麼會更適合他們。這時，一位從朋友告訴他們：「你們為什麼不投資點基金呢？在國外，有將近一半的家庭都投資共同基金。」於是，他推薦了優勢基金。說起推薦的理由，也有一個特別的故事，這個朋友說：「由於我是拿的美國護照，本想在這裡買基金應該也很容易。誰知我去基金公司諮詢時，該公司的工作人員堅決不給我開戶購買。說我現在是非公民了，按照法律規定不能投資他們的基金。雖然被拒絕了，但我卻更認同他們。我相信能嚴格做到這一點的公司，將來一定是一家

有實力的好公司，對產品的要求肯定值得信賴。」

在這位朋友的推薦下，曹先生夫婦倆便抱著試一試的心態，買了五十萬的基金。認購之初，曹先生夫婦倆著實還是懸著一顆心。對於實業，他們很在行；面對股票市場，兩人完全是門外漢。為了更好的了解基金投資，他們嘗試著看基金招募說明書、看市場新聞、時時關注基金的淨值變化。哪料到，基金在封閉期剛過，淨值一下子跌到了一元以下。為此，曹太太整晚都睡不好覺，甚至和先生商量：還是把錢都拿回來吧？

曹先生諮詢了一些朋友和專業人士，他們都建議暫時不要輕舉妄動。於是，曹先生克服了投資恐懼的心理，勸說曹太太再觀望一段時間再說。果然，一個月後，基金帳面上的錢又漲回了不少。曹太太繃緊的神經才得以放鬆。

漸漸的，曹先生把基金理財的事都交給了太太。而曹太太也從一個完全不懂資本市場的人成長為一名基金理財的半專業人士。後來在曹先生的鼓勵下，曹太太逐漸放開了投資，將家庭剩餘的資金配置到了不同類型的股票基金中去。用她的話說就是：「這個市場是東家不漲西家漲，我多買些不同類型的股票基金，反正把它們一網打盡咯。」

當我們問曹先生「為什麼不讓太太去投資股票」時，他笑著說：「她也做過，但是賺得少，虧得多，今年年初我們算了一筆帳，她這兩年投股票的報酬只有百分之三點五，而陸續買的基金產品，平均下來也有百分之一百二十的收益了。」

基金經理的專業投資本領，既為曹太太獲得了有效的投資報酬，同時也使得曹先生能專注於自己公司的發展。在曹先生眼中，他們家的賺錢模式已經「挺黃金組合的了！」

我們也可借鑒曹先生夫婦的這種三角形的資產分配方式，幾何圖形中的三角形是最穩定的結構，投資理財中的「金三角」同樣可以幫助我們更做更穩固的投資。

首先，銀行存款是「理財金三角」中的第一角，我們可以將每月節餘的百分之三十存入銀行以備應急之需。在我們還不懂得理財為何物的時候，通常把基本生活支出外剩餘的錢放在銀行，目的是為了抵禦未來可能發生的風險或意想不到的事情，而且還可以賺得銀行利息。現在，我們將銀行存款作為一種理財方式，主要用於應急之需和流動資金。

其次，投資收益是「理財金三角」中的第二角，我們可以將每月節餘的百分之五十至百分之六十存入投資與證券市場，讓錢賺錢。隨著經濟的逐步復甦，股市和基金行情一路看好，很多人透過其中的投資獲得了不菲的收益，於是很多人開始把以前放在銀行裡的錢拿出一部分來進入投資市場。雖然說投資都有風險，收益越大，風險也就越大，但是隨著現在銀行利率的多次下調，物價水準的持續上漲，放在銀行的錢已經開始慢慢貶值，與其讓錢放在銀行裡貶值，不如放手一搏。

最後，保險是「理財金三角」中的第三角，我們可以將節餘的百分之十至百分之二十放在保險上，既不會影響家庭的正常生活，

又能解決你後顧之憂。在現代社會嚴重的環境汙染和巨大的工作壓力之下，人們的健康受到了很大威脅，很多重大疾病的發生率越來越高而且也越來越年輕化，我們老的時候不僅僅要為隨時可能發生的健康問題做準備，而且也要為自己準備好充足的養老金，如何應對意想不到的風險？保險是最好的選擇。

總而言之，小資本理財，關鍵在於合理分配資產。資產分配得當，即可得到事半功倍的效果；資產分配不當，也許只能落個竹籃打水一場空的下場了。

讀者互動

問：我在進行資產分配時應重點考慮哪些因素呢？

答：首先要考慮投資者風險承受能力和收益需求，如投資者的年齡或投資週期，資產負債狀況、財務變動狀況、風險偏好等；其次要考慮相關的資本市場環境因素，包括經濟形勢與發展動向；還要考慮投資期限的安排問題，以便投資者在有不同到期日的資產之間進行選擇；部分投資還要關注一下稅收問題，畢竟任何一個投資策略的業績都是由其稅後收益的多少來進行評價的。

把握「黃金分割線」

黃金分割是指事物各部分間一定的數學比例關係，黃金分割的創始人是古希臘的畢達哥拉斯，他在當時十分有限的科學條件下大膽斷言：一條線段的某一部分與另一部分之比，如果正好等於另一部分同整個線段的比即0.618，那麼，這比例會給人一種美感。這一神奇的比例關係被古希臘著名哲學家、美學家柏拉圖譽為「黃金分割律」。黃金分割線屢屢在實際中發揮我們意想不到的作用……如今，黃金分割線也可運用於投資理財中，妙用黃金分割線可使資產安全的保值增值。

小程今年三十歲，是第一批步入而立之年的「九年級」，目前在一家飲食集團分公司任財務主管，妻子在一家財務公司做會計，由於成家較早，孩子即將讀小學，此外還要供養兩位老人。小程每月的家庭總收入在五萬元左右，這個收入在該都市來說只能算是個小康之家。由於需要花錢的地方較多，每個月的日常節餘並不多。但是，多年來小程一家的資產一直穩步成長，小日子過得有滋有味。

原來，專業出身的小程非常關注自己家庭的財務規劃，對家庭的每一筆投資都非常慎重。他在日常的工作中還創造性的總結出「黃金分割線」的家庭理財辦法。簡單的說，就是無論資產和負債怎樣變動，投資與淨資產的比率（投資資產 / 淨資產）和償付比率（淨資產 / 總資產）總是約等於0.618，即理財黃金分割點。多年來，小程一直在這個理財黃金分割點的指引下不斷調整投資與負債的比例，因而，家庭財務狀況相當穩健。

那一年，小程的父母因病相繼去世，小程每月的負擔減輕了一萬多元，還分得了三十多萬遺產。隨著小程在銀行的存款快速增加，黃金分割點有失衡的可能，於是小程決定做點投資。

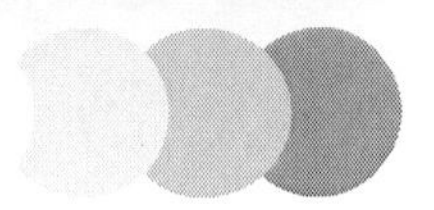

經過分析，小程計算了一下當時的家庭總資產：包括銀行存款、一間三十坪的公寓、貨幣市場基金和少量股票，總價值為五百萬元，其中房產尚有一百五十萬元沒有還清，淨資產（總資產減去負債）為四百萬元，投資資產（儲蓄之外的其他金融資產）有兩百萬元，小程的投資與淨資產的比率為 200÷400 ＝ 0.5，遠低於黃金分割線，投資與淨資產的比率低於 0.618 時，意味著家庭有效資產就得不到合理的投資，沒有達到「錢生錢」的目的。這說明加大投資力度是很有必要的。

如果一味的加大投資力度，即有虧損的可能性。為了防止虧損的發生，小程給投入的資金量設定了上限。加大投資額的同時也要考慮家庭的償付能力，在償付比率合理的基礎上，進行合理的理財投資。

正是因為充分考慮了家庭的償付能力，才使得小程的家庭財務一直處於穩健狀態。而大部分人進行理財投資時，往往忽略了自己的償付能力。在經濟風險膨脹的今天，如果償付能力過低，則容易陷入破產的危機。

小程以多年的財務經驗分析，償付比率一般也是以黃金分割比率 0.618 為適宜狀態。如果償付比率太低，則表示生活主要依靠借貸維持，這樣的家庭財務狀況，無論債務到期還是經濟不景氣，都可能陷入資不抵債的局面；反之，如果償付比例很高，接近一，則表示自己的信用額度沒有充分利用，需要透過借款來進一步優化其財務結構。小程家庭的償付比例在 0.743，這是個比較理想的數字，即便在經濟不景氣的年代，這樣的資產狀況也有足夠的債務償付能力。但是 0.743 的償付比率遠高於黃金分割率，可見小程的資產還沒有得到最大合理的運用，信用額度也沒有充分利用。於是，小程絕對投資房產。

這時，一間三十坪的房屋進入小程的眼簾，他對周邊環境機能也很滿意。但是經過一核算，小程發現投資這間房子並不划算。

小程將目光轉向了價位相對低些的住宅房。經過調查，小程發現另一都市的住房出租旺盛，於是他在此購買了一間三百萬元的商品現房，並於每月一萬的租金租給人。

購買了這間房產之後，小程家庭的投資額剛好符合家庭理財規劃的黃金分割線，投資與淨資產的比率得到合理的規劃，同時又保障了高於黃金分割比率的償付比率。這樣在有效資產理想的成長情況下，又保障了正常的償付能力，達到了家庭財務結構的優化。

今年，小程被提拔加薪，收入大為改觀。在淨資產成長的情況下，小程又要依據黃金分割線加大投資額了。小程表示，他會根據當前的投資形式，在保障償付比率高於黃金分割線的基礎上，進行新的一輪投資項目，這樣資產才能保值增值。

讀者互動

問：在炒股軟體中我該怎樣畫出黃金分割線呢？

答：目前，絕大多數的炒股軟體都有畫線協助工具。首先找到分析軟體中的畫線功能，在畫線工具列中點擊黃金分割選項，如果股價正處見底回升的階段，以此低點為基點，用

滑鼠左鍵點擊此低點，並按住滑鼠左鍵不放，拖動滑鼠使邊線對齊相對的高點，即回溯這一下跌波段的峰頂，鬆開滑鼠左鍵系統即生成向上反彈上檔壓力位的黃金分割線；如果股價正處於見頂回落的階段，以此高點為基點，用滑鼠左鍵點擊此高點，並按住滑鼠左鍵不放，拖動滑鼠使邊線對齊相對的低點，即回溯這一上漲波段的谷底， 鬆開滑鼠左鍵系統即生成黃金分割線。

把成功規則用於理財實踐

我們前面講了不少理財規則，現在不妨來看一下現實生活中的實例。

案例一：普通上班族上班族的理財規劃

汪小姐在一家金融機構上班，月薪為三萬左右，年底獎金一萬元，現有積蓄四萬元。在住房方面，汪小姐現在與同事合租，每月租金八千元。業餘時間汪小姐比較喜歡打網球，一般一週的練球時間約為五個小時，室外場地費用每個小時為一百元，室內場地每小時為兩百五十元，其他購物支出每月約為四千元。汪小姐近期的理財目標是：想買台筆記型電腦，價格約在三萬元左右，希望三年後可以買一間二十坪左右的房子，結束租房生活。

針對汪小姐的實際情況，我建議：

(一) 保持一定量的活期存款

一般來說，一個家庭留有的現金至少應滿足家庭未來三至六個月左右的支出，以便經濟來源出現任何狀況時，依舊保持現在生活不受影響。汪小姐年總收入為三十六萬元左右，因此至少應該保持三萬元左右的活期儲蓄可以隨時領取。

(二) 適當運用定期存款

因為汪小姐租房的租金是季繳，也就是說租金繳納的期限是固定的，所以可以辦理三個月的六千元定期存款，如果資金允許還可以辦理期限為六個月的定期存款，這樣預備繳納房租的資金不會閒置，也不會因為沒到期而延遲繳納租金。

(三) 選擇基金定期定額業務

汪小姐現在還比較年輕，因此可以適當增加投資的額度，建議選擇基金定期定額業務，資金控制在六百元左右，投資兩檔基金定期定額，一檔為指數型基金，另一檔為混合型基金。

(四) 分期付款購買筆記本

由於購買筆記型電腦暫時錢不夠，可以選擇辦理信用卡過度消費，有兩種方式：可以使用消費免息功能在下個月還款期前，使用存款三萬元加上下月薪資進行購買；還可以使用信用卡分期還款功能，做分期還款，可以選擇分期還款，建議選擇三期，還款手續費用低。

(五) 定期儲蓄存頭期款

以該市現在的房價計算，頭期款款大致需要五萬元，汪小姐

每年有一萬元的年底獎金，可以將第一年存定期三年，第二年存二年期，第三年存一年期。按照現在的利率結算到期後本金合計約為十五萬多。再加上每月定投的三千元，單利計算三年後約為十一萬五千，加在一起足夠頭期款。

案例二：高收入新鮮人理財規劃

劉先生今年三十歲，與同伴合夥創業，從事 IT 高科技行業，擔任公司副總，年收入約兩百五十萬元。劉先生目前有自住房一間，價值七百五十萬元，房貸支出每月約一萬一千五百元，日常生活開支每月需兩萬元，自用車一輛，車輛每月支出約一萬元。劉先生的公司給繳納勞保，且父母在他小時候已為他購買了相對的醫療、人壽保險，隨著年齡成長，劉先生自己又購買了新的重大疾病保險以加大保障額度，目前保障充足，保費支出每月約七千五百元。目前，劉先生將閒置的資金全部投入股市，面對動盪的投資市場以及有限的時間和精力，股市收益不甚理想。劉先生主張「工作是為了更好的生活」，他希望自己能在五十歲前退休，然後盡享生活。為此，他希望作出一個合理的養老理財規劃，既要保證生活品質，又要有效規避風險，同時還能為自己嚮往的退休生活累積充足的資金。

我認為，雖然劉先生家庭資產狀況比較好，但從專業的理財角度出發，將家庭閒置資產全部投入股市太過冒險。不過好在劉先生已經購買了醫療、人壽類保險，家庭風險保障充足。劉先生年輕有為，且對於養老，有自己獨特的要求 —— 提前退休；鑒於養老金是長期的資金累積，建議劉先生可以根據自身的情況，做如下的財務規劃安排。

(一) 趁自己有能力時，合理規劃養老安排

目前，據有關專家測算，在職收入在社會平均薪資三倍以上的，其退休後的平均替代率更低至百分之三十以下。何況，還要面臨通貨膨脹的侵蝕。像劉先生這樣的高收入人士，如果僅依靠勞保，未來退休時的生活品質必然有較大程度下降。因此，要想退休後還能維持現在的生活品質，劉先生在擁有必要的勞保之外，還必須考慮其他的投資工具。

(二) 越早儲備越輕鬆

準備養老金和爬山是一個道理，越年輕越省力。像劉先生這樣的情況可以選擇一種能夠與自身價值一起「成長」的具有長期投資優勢的理財產品，這樣既能讓資本有時間增值，也可以克服短期的波動。

(三) 專款專用，穩健投資，組合規劃

養老金是老年生活的「養命錢」，因此，要做到專款專用，強制儲備，穩健投資。面對市場上琳琅滿目的投資理財工具，建議劉先生作出合理的組合規劃，並展現「攻守兼備」的特點。舉例來說，在理財產品的足球場上，外匯、股票就像是「前鋒」，衝鋒在前，最有可能得分，同時受傷（虧損）的可能性也最高；地產、債券、銀行存款彷彿「後衛」，作用在於降低風險；而商業養老保險則如同銅牆鐵壁的「守門員」，能夠真正做到專款專用，「球門不

失」。球場上不能只有前鋒，沒有後衛，更不能沒有守門員。構築個人完善的養老體系，商業養老保險不可或缺。

根據以上原則，劉先生可以選擇利用帶有強迫儲蓄性質的保險計畫籌措一部分養老金，讓年輕時的點滴累積變為年老時的穩固保障。目前市場已有了一些產品可以滿足這樣的理財需求，例如每月領取兩萬五千元，繳費期限二十年，繳費期滿開始領取，保證領取二十年；或者每月領取兩萬五千元，繳費期限二十年，六十歲開始領取，保證領取至八十八歲。這類產品多具有固定年金，按月給付；家庭年金，接力領取；身故保障逐年遞增，有效抵禦通貨膨脹；年年分紅等特點。

從劉先生希望在五十歲之前退休的實際情況來說，這筆專款將在劉先生滿四十八歲時，每月固定領取兩萬五千元，一直持續到劉先生八十八歲，共計領取一千兩百萬元。此外，劉先生每年還能享受分紅收益，若累計紅利按中檔計算，至八十八歲時，累計紅利可達一千七百七十五萬元。尤具特色的是，在六十歲到六十八歲期間，該計畫可以為劉先生每月額外提供兩萬五千元現金，共計兩百四十萬元，作為退休保健管理及全球旅遊基金。

除了購買商業養老保險，建議劉先生將其餘閒散資金以多元化投資的方式來規劃，一方面可以分散風險，另一方面可為養老金的儲備添磚加瓦。最好將股票投資比例控制在總投資金額的百分之六十以下，其餘部分可考慮投資於偏股型基金、投資連結保險、貨幣型基金、債券和銀行存款等，比例可根據個人風險喜好加以調整。此外，還可選擇一些銀行的理財產品，收益相當於貨幣型基金及債券。

案例三：新婚夫婦理財規劃

剛剛結婚不久的小徐夫婦都是典型的九年級，兩人都擔任公務員，月收入合計六萬元左右。夫妻倆現在住的房子是男方父母準備的，結婚後，女方家長給了兩個人八十萬元買車，買車之後還剩餘二十五萬元，存入活期存款。兩個人沒有保險，小徐有二十五萬元三年定期存款，後年到期。小徐的老公喜歡炒股，在股市裡有二十五萬市值的股票。小倆口平日花費不小，每個月將將能存下五千元。就目前的情況來說，小徐夫妻倆有自有住宅和自備車並且無房貸無債務，這樣的家庭財務狀況讓不少九年級欽羡。但是從長遠來看，等小倆口要了孩子以後，生活可能就遠不如現在滋潤了。為此，小徐針對家庭理財規劃諮詢了金融理財專員李老師。

小徐的家庭收入穩定，近期不會有大額的支出，也不需要對父母贍養。但是不足的是，小徐一家庭缺乏健康的消費習慣，儲蓄率比較低，家庭風險意識比較差，沒有任何保險的支持。小徐一家現在要做的是，把握現有的穩定的現金流，進消費習慣，合理規劃未來。

（一）控制不合理支出。就目前的情況而言，小徐家庭每個月支出在兩萬八千元，僅能儲蓄五千元。建議平時控制不合理支出，每個月先儲蓄，後消費。根據自身的情況，最好將支出控制在兩萬元以內。

（二）儲備一定的家庭備用金。一般來說，家庭備用金為三至六個月家庭收入。以小徐家庭來看，準備十二萬五千元左右即可。

（三）購買一些能夠預防重大風險的保險。由於小徐夫婦都是公務員，工作穩定，福利待遇相對較好，建議買一點能夠預防重大風險的保險，也可以適當配置些養老保險作為對以後養老的補充。例如主約購買定期壽險，附加重大疾病保險、意外險，家中老人考慮上意外險和意外醫療險，等以後家庭寬裕後也可以考慮增加些孩子的教育年金險種。家庭保費一年預算在四萬元以內。

（四）小徐夫婦計畫兩年內生個寶寶，那麼孩子的養育費用必將提上日程。建議透過基金定期定額的方式儲蓄寶寶的教育金，每個月定投基金五千元即可，如有條件也可購買教育儲蓄分紅保險。

（五）購買基金等投資產品。目前，小徐的老公已經利用二十五萬元炒股，面對未來家庭可能出現的各項支出，這部分的投資比例不宜再增加。如有其他資金可以適當購買基金等產品。

讀者互動

問：自從使用了信用卡後，我每個月需要還的錢越還越多，有什麼辦法可以緩解這種情況嗎？

答：如果實在沒有能力在還款日之前還清所有欠款，可以選擇

「最低應繳金額」。但是要注意的是，一旦選擇按照最低還款額還款，就動用了信用卡的「循環信用」，銀行將針對所有欠款從記帳日起徵收利息。

規避好投資風險

投資與風險是成正比的，要想有利可圖，就一定要承擔風險，而且風險越大，投資價值越高。年輕人要想打贏投資這場硬仗，必須先做好應對各種風險的準備。

目前市場上的理財類產品，按照風險高低可分為：

低風險程度的理財產品

主要包括銀行儲蓄和國債，由於有銀行信用和國家信用作保證，具有最低的風險水準，但是它們的收益率也較低。投資者保持一定比例的銀行存款可以保持資金適度的流動性，滿足日常生活所需，還能等待時機購買高收益的理財產品。

較低風險的理財產品

主要指各種貨幣市場基金或偏債型基金，這類產品投資於同行拆借市場和債券市場，這兩個市場本身就具有低風險和低收益率的特徵。

中等風險的理財產品

主要包括信託類理財產品和偏股型基金。信託類理財產品是

指由銀行發行的幣財產品所募集的全部資金，投資於指定信託公司作為受託人的專項信託計畫。信託公司為其提供專家理財、獨立管理，投資者自擔風險的理財產品。投資這類產品要注意分析募集資金的投向、還款來源是否可靠、擔保措施是否充分、信託公司自身的信譽等問題。

偏股型基金是以投資股票為主的基金，收益很大，一般年收益可達百分之二十左右，但風險也很大，也許一年下來本金也有可能遭受損失。

高風險的理財產品

主要指股票、期權、黃金、藝術品等投資項目。由於市場本身的風險特徵，這些投資專案需要投資者具備專業的理論知識、豐富的投資經驗和敏銳的判斷分析能力，這樣才有可能在這類市場上取得成功。

由此可見，收益越高的產品所需承擔的風險就越大。那麼，這是不是就代表我們應該去投資一些低風險的理財產品，而不要去嘗試那些高風險的理財產品呢？其實不然，風險總是存在的，關鍵在於如何去規避，如果因噎廢食，這樣的投資者只能註定一生平庸。

在投資的過程中，我們有可能面臨的風險主要分為市場風險和非市場風險兩種。其中，市場風險指因股市價格、利率、匯率等的變動而導致價值未預料到的潛在損失的風險，包括權益風險、匯率風險、利率風險以及商品風險。對於投資者來說，這類風險與總體經濟形勢的好壞、財政政策的實施、貨幣政策的調整以及政局的變化、匯率的波動、資金供求關係的變動等因素息息相關，是無法消除的。

而非市場風險是指與整個市場波動無關的風險，它是某一企業或某一個行業特有的那部分風險。例如：管理能力、勞工問題、消費者偏好變化等對於證券收益的影響。這類風險與整個市場的波動無關，投資者可以透過分散投資的方法來抵消這種風險。

面對這些風險，我們應該怎樣才能規避和應對呢？簡單的說，就是需要投資者理性投資。要做到理性投資，我們首先要從投資者自身出發，評估其風險承受水準。

首先是評估投資者的風險承受能力。具體可以從投資者的年齡、就業狀況、收入水準、家庭負擔、置產狀況等方面估算。通常來說，退休家庭、老年層次的家庭和中低收入人群的風險承受能力較差，適宜做一些低風險產品配置；而單身白領和中高收入家庭風險承受能力較強，可以嘗試投資高風險理財產品。

其次是評估投資者的風險承受態度。投資者可以依據自身的風險偏好，對可接受的本金損失程度以及理財產品的整體市場走勢做出一個預測，以此來選擇理財產品。投資者應具備良好的心理素養，無論市場發生什麼變化，都要理性分析。

另外，長期投資是永遠的法則。風險補償一般要在相對長的時間才會在市場展現出來。有些比較好股票如果投資十年，虧錢機率為百分之二，也就是有百分之九十八的機會賺錢；如果投資十五年，虧錢的機率幾乎為零。近年來的情況也是如此，如果持有股票

的時間只有一年，投資收益率虧損的比例為百分之四十六；如果持有三年，虧損的機率不到百分之十一；如果堅持持有五年，投資收益率為負的機率就很低了。由此可見，理財是長期的行為，以長期投資的心態對待理財產品，往往能獲得意想不到的收益。

最後，就是我們一直在強調的，不要把雞蛋放在一個籃子裡，投資多項產品既可規避風險，又能將風險降低和分散開去，不至於在風險來時，死在一棵樹上。

讀者互動

問：投資有風險，把錢放在銀行裡又會隨著通貨膨脹慢慢貶值，與其這樣，還不如「今朝有酒今朝醉」呢？

答：如果不去理財，常用明天的錢進行今天的消費，將很難應付未來生活中可能出現的各種變故。因此，「九年級」應該把投資變成一種習慣，少去一次同學聚會或者少買一雙皮鞋，將存下的錢做投資，長期堅持，產出的比例是非常驚人的。

年輕人投資理財應該走出的三大盲點

在過度消費的觀念引導下，年輕人經常有很多疑問：錢不夠花怎麼辦？自己究竟需不需要理財？如何理財？沒錢怎麼理財？對此，理財專家建議，年輕人應走出三大投資理財盲點，儘早學會投資理財。

盲點一：沒財可理

有很多人堅持認為「理財投資是有錢人的專利」、「有錢才有資格談理財」。如果真有這種想法，那就大錯特錯了。一千萬有一千萬的投資方式，一千元同樣有一千元的理財方法。在芸芸眾生中，真正的有錢人畢竟只是少數，而中產階級上班族、中下階級百姓仍占絕大多數。有錢人可以透過理財將自己的財富像滾雪球似的越滾越大，普通薪資階層同樣可以透過理財「滴水成河」、「聚沙成塔」，實現自己的夢想。

「沒財可理」永遠只是理財的擋箭牌，其實哪怕每月僅從你的薪水裡拿出百分之十的資金，在銀行開立一個零存整付的帳戶，二十年後本金加上利息，絕對也是一筆不小的收入。

理財不分先後，不分年齡，不管你是窮是富，只要你有收入就應嘗試理財。正所謂「你不理財，財不理你」，只要做到科學的理財，就能事半功倍，不斷給自己的財富大廈添磚加瓦，輕鬆享受人生。

盲點二：不需要理財

有些人認為，儘管自己並不精通理財，但是也不會每月都把錢花光，有時還能剩出些錢，因此不需要理財。還有些人認為，自己現在的薪資不低，足夠自己開銷，另外，父母還能給自己強有力的支援，因此也不需要理財。

李梅今年二十七歲，在某公司做大客戶經理，工作四年，年收

入能達到十五萬元以上。自己買了一輛車，每天開車上下班，平時消費很高，從來不在家做飯，穿戴的基本都是名牌，晚上有空就去酒吧消費。李梅一直認為，像她這樣的情況根本沒必要理財。

然而，天有不測風雲，一天，老家突然打來電話，李梅的母親得了肺癌，要做手術，手術費一下子就要十幾萬。家裡認為李梅的收入這麼高，應該能承擔這筆費用。這下李梅傻眼了，平常花錢如流水，等到真有急用的時候，卻沒錢了。可是沒錢母親的病也得治啊，李梅只好像身邊的朋友求助，東拼西湊總算把救命錢給拿出來了。朋友們都很奇怪，李梅收入這麼高，工作都四年了，怎麼連十幾萬都拿不出來。她的錢都哪去了？李梅很慚愧，從此之後，再也不敢亂花錢了，慢慢開始學習理財。

李梅的事例告訴我們，無論你現在是否有錢，那都是相對的。正所謂「窮不扎根，富不過三代」，沒有永遠的窮人，也沒有永遠的富人。也許十年前你算得上是一個比較有錢的人，但如果十年後你所擁有的財富仍然保持在原有的水準上，甚至在此基礎上有所消耗，那麼，你已經在不知不覺中跨入窮人行列了。

對於「九年級」來說更是如此，也許你現在每個月的收入比較樂觀，但是，「人無遠慮，必有近憂」，你能保證現在的一切永遠不會改變嗎？你能保證自己的工作是鐵飯碗嗎？或者你在不久的將來買了車、買了房、結了婚、生了孩子，每個月必須要到銀行繳納貸款、必須為孩子儲備豐厚的教育基金的時候，還能像現在一樣寬裕嗎？所以說，只有早一步投資、理財，才能使自己的生活真正的無憂。

盲點三：會理財不如會賺錢

相信很多「九年級」都會有這樣的想法，覺得自己學歷高，工作好，收入不錯，不會理財也無所謂，節流還不如開源。乍聽之下，好像這樣的生活方式也挺好，既有錢花，也不用費心理財。但是這種看似隨性的生活是因為沒有遇到不可預期的風險。一旦遇到了，我們就會發現，目前的這種「自由」是有代價的。

今年二十八歲的王皓在一家房地產公司擔任客戶經理，業績好時年薪加分紅能在十五萬左右，業績一般時也能保證十萬左右的收入。這在同儕中是相當不錯的收入了，看著銀行裡的存款一個月比一個月高，王皓很是得意，覺得周圍的同事今天聊保險、明天又選基金，真是浪費時間。自己的收入這麼高，全部存在銀行裡，既安全又省心。

然而，王皓在一次開車遊玩時不小心傷了腿，需要手術治療，並臥床幾個月。這下子，手術費、住院費、生活費加起來要十幾萬，王皓所有的存款也不過七八萬而已，而且因為需要臥床休養幾個月，收入大受影響。沒有辦法，王皓只好去借，東拼西湊總算把救命錢給拿出來了，算是救了急。

此時的王皓後悔莫及，本來花幾千塊錢辦個保險就可以解決的問題，現在不僅自己之前的儲蓄被一筆勾銷，還成了「負翁」。他從這件事上長了記性，開始學習保險及各種理財手段，為自己規劃一個穩定的未來。

王皓的故事並不是個例，類似的事件我們也經常可以在報紙上見到。比如：年收入幾十萬的白領因為一場重病而傾家蕩產，被打入社會底層的故事屢見不鮮。因此，對一些高收入的年輕朋友而言，理財是同樣重要的。

讀者互動

問：我是個剛剛成家的社會新鮮人，由於以後家裡要花錢的地方很多，我始終認為家財求穩可以不看收益，這種觀點對嗎？

答：女性受傳統觀念影響，大多數不喜歡冒險，她們的理財管道多以銀行儲蓄為主。這種理財方式雖然相對穩當，但是現在物價上漲的壓力較大，存在銀行裡的錢弄不好就會「貶值」。因此在新形勢下，女性們應更新觀念，轉變只求穩定不看收益的傳統理財觀念，積極尋求既相對穩當、收益又高的多樣化投資管道，最大限度的增加家庭的理財收益。

第 2 章　投資儲蓄篇

—— 要致富，先「存款」

不妨先以存錢為主

俗話說「巧媳婦難為無米之炊」，理財同樣如此，如果手上沒有財，有再多的理財知識也是白費。對於剛剛步入社會不久的九年級來說，要想富，不妨先以存錢為主。

目前，日本有一萬五千間麥當勞店，一年的營業總額突破四十億美元大關。而所有店面的主人，是一個叫藤田田的老人，他不僅是日本麥當勞社名譽社長，更是日本商界叱吒風雲的人物。可是，你知道嗎？這個擁有四十億美元資產的日本人卻是從五萬美元起家的。

一九六五年，藤田田畢業於日本早稻田大學經濟學系，剛走出校園時，他只是個毫無家族資本支持的打工仔。那時的他只有五萬美元，可他卻將眼光放在了美國的麥當勞上。要知道，若想取得麥當勞的特許經營權，至少要擁有七十五萬美元的現金以及一家中等規模以上的銀行做信用擔保。當時的藤田田使出了渾身解數東拼西湊，可是離七十五萬美元的數目仍相差甚遠。面對巨大的資金落差，要是一般人，也許早就心灰意冷，前功盡棄了，然而，藤田田卻偏有對困難說不的勇氣和銳氣，他想到了「貸款」。

一天清晨，藤田田走進了住友銀行總裁的辦公室。他以極其誠懇的態度，向對方表明了他的創業計畫和求助心願。總裁看他經濟能力太薄弱，就婉轉的拒絕了他。藤田田誠懇的說：「您可否讓我講講我那五萬美元的來歷呢？在這六年裡，我每月堅持存下三分之一的薪資獎金。在這期間，我曾無數次面對過度緊張或手癢難耐

的尷尬局面，但都克制欲望，堅持了下來。有時候，碰到意外事故需要額外用錢，我也照存不誤，甚至不惜厚著臉皮四處借錢，以增加存款。因為在跨出大學門檻的那一天我就立下宏願，要以十年為期，存夠十萬美元，然後自創事業，現在機會來了，我要提早開創事業……

簡短的敘述卻深深打動了住友銀行的總裁，送走藤田田後，總裁立即開車前往藤田田儲蓄的那家銀行，在核實了藤田田的存錢情況之後，很快表示可以支持他創建麥當勞事業。

藤田田的創業史告訴了我們儲蓄的重要性。存錢不僅能夠給自己累積一定的財富，還能幫助我們養成節約、有計畫開支的意識，贏得別人的信賴，從而增加成功的機會。

雖然很多人都認同存錢的重要性，但卻很難做到，因為要想「存得多」，那就不得不緊衣縮食，降低現有的生活品質。一想到這點，很多人便缺乏了這種自律心。針對這一現象，美國著名成功學家博恩崔西提出這樣一個克服人性弱點的技巧：你不必縮減現有開銷，畢竟「由奢返簡難」；而是「未來」每當收入增加時，就存下其中百分之五十。這樣一來，既不會影響到現有的生活品質，還可以照樣花用另外百分之五十新增收入，買任何你想買的東西。

還有些人始終認為，存的多不如賺得多，他們認為自己根本沒有必要這樣節衣縮食的生活，他們相信自己明天有能力繼續賺錢保持現有的經濟能力，與其今天省吃儉用存明天的錢，不如今朝有酒今朝醉，明天再去賺明天的錢。殊不知，這樣的生活方式完全受惠於大環境，一旦景氣反轉直下，或是發生意外，財務就可能拉警報。

即使排除大環境變化的可能性，也充分肯定這些人的賺錢能力，但是你總會有年老失去勞動能力的一天，在那一天來臨之前，你計算過需要擁有多少錢才能安度晚年嗎？

作為一個市民，平時的日常開銷除了吃、穿、租、買之外，最大的消費一般展現在五個方面：子女教育、家庭住房、汽車、出國旅遊以及退休養老。在子女教育方面，從妊娠期算起，到子女二十二歲大學畢業；在家庭住房方面，以空間合理、地段適中，裝修適度、貸款從容為目標；在汽車更新方面，普通人一生將由次至好的添置及更換五到六次自己的交通工具；在出國旅遊方面，以每年出外旅遊三週為例；最後，在退休養老方面，在目前國家的政策指導之下，今後這方面的費用占人一生總支出的比例只可能越來越小。將以上這些方面粗略估計，以未來年均百分之三左右的通貨膨脹率計算，一生在大都市中生活需要五百萬元左右，才能活得自由平和；在中小鎮裡生活大概需要三百萬元左右累積收入，才能活得小康安詳。這些巨額的數字足以讓我們每一個人認識到及早儲蓄的重要性。

儘管如此，還是會有很多人一想到存錢就馬上聯繫到「痛苦」和「犧牲」，認為既然要儲蓄，一定會少了「享受」與快樂。其實，你大可不必這麼悲觀，換個角度看問題，會讓自己生活的更加舒心。例如：一想到儲蓄就覺得自己獲得了財務上的獨立，從而感到

快樂；一想到錢會流失，就覺得心裡難受。

你也無需在儲蓄上花費太多的精力，只要在每個月拿到薪水後，確保在動用任何開銷前先存下至少百分之十。之後可以採用循序漸進的方法，第一個月只減少百分之一的開支，並把這百分之一存入你的「財務獨立」帳戶，不論任何情況下，都堅持「只進不出」的原則，並且將任何額外的收入，如員工分紅、退稅等，也都立刻存進這個帳戶。等到第二個月減少百分之二的開支，再下個月百分之三……由於每個月減少的額度並不大，你幾乎察覺不出日常開銷受到影響，很容易適應，而且堅持一段時間後，你就可建立起每月至少儲蓄百分之十的習慣。

不要小瞧這百分之十，不積跬步，無以至千里，不積小流，無以成江海，儲蓄同樣如此。經濟學上有這樣一個公式：72/ 利率＝存款倍增所需年數。假若現行利率是 8%，九年後你的存款就靠著複利，自動增加一倍。例如：從二十一歲工作開始，每月只要存區區一百元，在 10% 的利率下，六十五歲退休時就滾到一百多萬元！

任何巨大的財富，都是從無數小節省涓滴累積起來的。等到你把儲蓄變成一種習慣，你會慢慢發現自己的原始資本越來越多，當有了原始累積以後，就可以透過各種投資手段去獲得穩定的現金收益。

讀者互動

問：我也想存錢，但總感覺生活中每筆開銷都是必不可少的，我什麼時候才能攢夠投資的錢呢？

答：凡事起步的時候都是最難的，貧窮者要變成富人，最大的困難也是最初幾年。對於白手起家的人來說，如果第一個百萬花費了十年時間，那麼第二個百萬只需五年，再將百萬變成千萬乃至億，也許只需要三年就足夠了。存錢同樣如此，開始的時候總是很難，但是當你擁有了豐富的經驗以及足夠的創業資金後，財富就會像已經跑起來的汽車，你只需輕輕踩油門，車就會前進如飛。最初的幾年也許是最困難的時候，但是只要能堅持下來，財富的累積會變得越來越容易。

控制購物慾，發薪後先存一部分

在現今社會，有一些九年級時尚白領女性，平時揮霍無度慣了，要對她們說起理財來，她們腦中完全是一片空白，且以「月光女神」自居。事實上，現代女性，尤其是九年級女性不但要懂得賺錢，還要懂得理財。與其先甘後苦，不如好好的學習一下理財術，讓「她」時代的「小金庫」名副其實起來。

那要如何對理財進行規劃呢？不妨分兩步走。

第一步：適時抑制購物消費的衝動

我愛人的朋友王荔可謂是典型的九年級「潮女」，打扮時尚，喜歡購物，不管手頭的工作多忙，都想盡辦法去商場血拼購物一

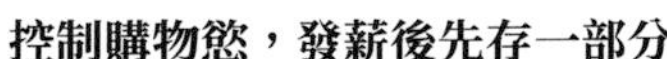

番，我們都希望錢多，多到數錢數到手抽筋，但在王荔身上就變成了刷卡刷到手抽筋，直到商場關門時才筋疲力盡的提著大包小包往回走。緊接著，王荔就要節衣縮食好一陣來還信用卡上的錢。

我們知道，很多年輕女性大都有購物的嗜好與衝動，這是導致許多女人個人理財失敗的重要原因。衝動性消費很容易讓女性陷入不自覺的消費擴張，甚至進一步動用循環利息，給自己的財務造成一定問題。

跟很多男性相比，許多女性天生在花錢上容易隨性而為，計畫性比較差。並且女性消費的觀念是很矛盾的，有時很精打細算，一分一厘都要計較。另一方面，又最容易因衝動而買了不少無用的東西。克服自己的消費衝動，恐怕是做「財」女最難的一步。

對此，要想控制消費購買欲，至少要做到兩點：首先，在選購東西的時候，心裡先數三個數，慎重考慮下自己目前是否真的需要這件東西，假如這件東西目前不需要，那就堅決不買它，哪怕它的價格非常優惠。因為家裡很多被束之高閣的東西就是由於這樣的誘惑才被買回家的；其次，要清理掉錢包中那疊厚厚的、隨時引發你購買欲望的打折卡、會員卡，身上不帶過多的現金是控制消費的好方法。控制了錢包，在某種程度上就能控制隨時湧上大腦的購物慾望。

第二步：堅定不移的執行你定的規則

朋友張梅是她們公司有名的「財」女，工作五年就在市中心購置了一間小套房，引得大家好羨慕，紛紛請教理財高招。張梅解釋說，理財其實沒什麼訣竅，無非是開源節流罷了，誠如張梅說的那樣，她的理財方案很簡單。她在年初時給自己做了一份年度財經預算，量入而出，購物以實用為主，除了每月固定存一筆錢到銀行帳號裡，季度獎金、年終獎金的一半也被納入儲蓄。

俗話說：「凡事預則立，不預則廢」，良好的理財規劃是成功理財的開始。大多數女性的邏輯思維能力不強，不喜歡條條框框制度化的東西，不喜歡受約束，且十分感性，碰到喜歡的東西即使借錢也要買。所以，無論職業女性還是家庭主婦，都應該學會制訂理財規劃，計畫消費、支出。

那麼，九年級如何制訂理財規劃呢？九年級的很多人正年輕，首先，要確定自己未來繼續深造、創業、購屋等目標所需要的大致金額，測算一下達到這些目標每月需要的累積額度，再根據自己的收支狀況，確定每月最低儲蓄額度，並且將來一旦收入情況發生變化，應對規劃進行一定程度的調整。

在不能很好的保證「開源」的情況下，「節流」就顯得尤為重要。我們難免要參與各種聚會和活動，但切記要減少不必要的應酬消費；上下班選用公車、地鐵系統節約開支，行動電話可以選擇適合自己的套餐計畫；單身租房可以採取與朋友合租等。比較有效的做法是每月領到薪資後，第一時間就儲夠規劃的額度，只拿剩下的錢應對各種開銷。

讀者互動

問：我是個粗心的九年級，我平時使用信用卡刷卡比較多，

經常由於還款延誤被銀行罰息，請問有沒有什麼辦法解決呢？

答：你不妨將自己的信用卡與借記卡建立起關聯帳戶。尤其是與薪資卡掛鉤，定期打入的薪資收入，保證了還款的及時性，長此以往，不僅有利於建立良好的信用記錄，同時也為你省下一大筆罰息費用。

巧妙選擇存期

現在，銀行的儲蓄產品種類繁多，如何在眾多的儲蓄產品中選擇一個最適合自己的，是每一個九年級必須學會的。其實無論選擇哪種儲蓄方法，無非是為了利息最大化。而存期的不同，將會直接影響到利息的收益。

一般來說，銀行的定期存款分一年期、兩年期、三年期和五年期，存期越長，利率就越高。

但是，我們不可能將所有存款都存為最長期，生活中常常會有「一分錢難倒英雄好漢」的事情發生，如果將存款全部取出，利息會受到很大損失。因此，選擇不同的存款方法，既能讓你靈活應對生活中緊急情況，又能最大限度的讓錢生息。

方式一：月月儲存法

也稱「十二存款單法」，這種存款方法不僅有利於籌集資金，還能最大限度的發揮儲蓄的靈活性。九年級可根據自己的經濟實力，每月節餘不定數目的資金，將這筆資金選擇一年期限開一張存款單，月月如此，一年之後，手中便有十二張存款單。當第一張存款單到期時，取出到期本金與利息，和第二年第一個月節餘的資金相加，再存成一年期定期存款單。依此類推，則時時手中都有十二張存款單。這樣的話，所有的閒錢都享受了定期存款的利息，而且一旦急需用錢，只需領取其中到期或近期的存款單即可，大大減少了利息的損失。

方式二：四分儲存法

目前，九年級生人都處在事業、家庭的累積階段，參加職業培訓需要錢、好友結婚需要湊分子……每次用錢金額、時間的不確定性使得利息收益大打折扣。怎樣才能做到活期的靈便同時又獲得較高的收益呢？四分儲存法是個不錯的選擇。

例如：手頭上有一萬元現金，可以將這一萬元分別存成四張不等的存款單，一千元的一張，兩千元的一張，三千元的一張，四千元的一張。此種存法，當你需要一千元時，僅需動用一千元的存款單即可；當你需要兩千五百元，僅需取出三千元的存款單就可以了。這樣就可避免一萬元全部存在一起，需取小數額卻不得不動用「大」存款單的弊端，也就減少了不必要的利息損失。

方式三：階梯儲存法

階梯儲存法方便於長期投資，它既可以應對國家利率政策的調整，又能使年度儲蓄到期額保持等量平衡。具體操作方法是：如

果你有五萬元存款，可以將其中的兩萬元存為活期，應對突發事件時及時領取。剩下的三萬元現金，等分為三份，每筆一萬元分別開設一、二、三年期的存款單。一年之後，用到期的一萬元及利息，再去開一個新的三年期的存款單。以此類推，三年後，手中的三張存款單都是三年期的，不同的只是每張存款單的到期年限，依次相差一年。這種儲存方法的增值性更強，更適合對有長期打算的錢進行儲蓄。

方法四：利滾利儲存法

也被稱為「滾動儲存法」，這種方法是將存本取息與零存整付兩種儲蓄方式有效結合的一個典範。具體操作方法是：假如現有你有一萬元現金，你可以考慮先把它以存本取息的方法存入，一個月後，取出存本取息帳戶的第一個月利息，再用這第一個月利息開設一個零存整付儲蓄帳戶，然後以後將每個月存本取息的利息都存入到這個零存整付的帳戶中。這種儲蓄方法不僅存本取息儲蓄得到了利息，還能獲得存本取息的利息在零存整付中的第二次利息。這種儲蓄的方法對九年級為未來生活累積養老金和生活保障有著相當的優越性。

方法五：約定自動轉存法

這種儲存方法是指，在開戶時事先約定，當帳戶上的錢到達規定的標準時，將自動轉存為定期。例如：銀行開戶時在存期上選擇三個月或者一年，只要當帳戶上的金額超過兩千五百元時，便可自動將這筆錢轉存為之前選擇的定期年限。這種儲蓄方法可以幫助你減少利息收入的損失。

讀者互動

問：我以前也試過零存整付的儲存方法，可是有段時間沒有堅持，慢慢的也就荒廢了，請問有什麼辦法可以讓我堅持下去呢？

答：零存整付的儲存方法較為死板，它適用於較固定的小額餘款儲存，累積性強。因此，想要做好零存整付，最重要的技巧就是「堅持」，絕不連續漏存二個月。如果半途而廢，損失最大。如果公司中很多同事辦理零存整付業務，可委託公司的工會等組織進行集體批量辦理，省去每個人都跑銀行的勞累。

使用階梯式存款法

在九年級中，獨生子女的比例很大，這就使得以後一對夫妻需要獨自承擔贍養四個老人及養育一個子女的重大責任和義務。如果遇到夫妻雙方都是「月光族」，再不學會理財，「月光家庭」就會隨之誕生了。

二十四歲的陳小姐是某生活週刊的編輯，月收入在兩萬多元左右。「發薪資的時候我最富。」陳小姐經常這樣說。由於家境較好，在她身上經常能夠看到最新的時尚元素。為了追趕潮流，陳小姐沒少在穿著打扮方面花錢。「當然，到了月底，薪資已經是花光了，

有時候還得向老爸老媽要贊助才能勉強度完發薪資前的『艱苦』時光。」當我們問起陳小姐的理財經時，她一臉茫然。陳小姐從小吃穿不愁，對存錢儲蓄根本沒有概念，對最新的投資理財工具，更是一概不知。

相信像陳小姐這樣的九年級不在少數，很多剛剛走上工作職位的年輕人，崇尚名牌，追求新穎，購物缺乏理性，往往憑著一時的興趣衝動去消費。在他們看來，現階段生活沒有任何負擔，父母不需要我們養老，也沒有孩子需要養育，理財是一件遙不可及的事情。殊不知，此時無所顧忌的消費是有代價的，你必須為此付出巨大的成本。未來的生活充滿著不確定性，學不會理財極有可能成為「新貧一族」。但是，如果能夠在平日裡多注意生活中理財的小細節，選擇合適的生活方式和投資工具，日子一樣可以過得很富裕。

首先，要學會開支預算。理財理財，首先要有財可理。對於剛剛工作不久的月光族來說，當務之急是要聚集財富。可以每月提前做一個強制性的開支預算，在收入的範圍內計畫好每月中各項必須的支出，包括住房、食品、衣著、通訊、休閒娛樂等方面，盡量壓縮不必要的開支。

吳某和何某都是剛剛工作一年的年輕人，吳某，二十四歲，未婚，月收入三萬多元；何某，二十三歲，未婚，月收入兩萬多元。按常理說，吳某每月收入比何某多一萬元，他應該比何某更具備理財的條件。但是半年後，何某存下了四萬元，而吳某只存下了不到六千元。為什麼會有這樣的結果？吳某平時花費沒有計畫，粗略算下來，基本生活消費加上娛樂消費，使得一個月的薪資所剩無幾；而何某雖然薪資低，但是一切消費支出都有計畫，每個月都可結餘一萬元左右。這樣算下來，何某半年能節餘六萬，除去一些別的開銷，何某將這六萬轉成了一年期定期存款。

其次，要堅持記帳。俗話說「賺錢針挑土，用錢水沖沙」，月光族們經常在薪資花完後卻不知道錢花到了哪裡，這時，記帳就顯得尤為重要了。

小蘇是標準的「月光族」，雖然自己每個月的收入將近兩萬八千元，可是每個月還是要父母「救濟」五千元左右才能過活。那麼，這幾千元的生活費是怎麼花掉的呢？

上週末，她帶了五百元去逛家樂福，原本只想買一百元的洗髮精，結果到了家樂福，覺得這也好，那也好，忍不住把五百元全花光了。出了家樂福，旁邊一家服裝店的一款夏裝正是自己的最愛，考慮再三，覺得錯過之後不一定能再碰到這麼喜歡的。雖然此時已身無分文，但是信用卡還在，必須買下。回家的路上路過一個賣飾品的商店，繼續進去掃貨……結果，一路刷卡下來，對花了多少錢早已沒了概念，到最後大包小包的拿了一堆東西回家。剛開始幾天還滿心歡喜，可是新鮮感一過，許多東西就被束之高閣，打入冷宮。小蘇也為此後悔過，但是過不了幾天，衝動購物一上來，新的血拼就會再次上演。

由此可見，養成記帳的習慣是多麼的重要。透過記帳的方法，可以清楚的了解到自己每個月的錢到底都用到什麼地方去了，哪部

分開支是應該花的，哪部分開支是可花可不花的，而不用像以前那樣每個月錢花光了也不知道是怎麼花了的。選擇記帳的方法不僅可以使自己的花費情況一目了然，還能時刻提醒自己這個月已經花了多少了，從而避免入不敷出的情況。

第三，使用階梯式存款法。年輕時資金較少，可以從細節開源節流進行投資理財，這時不妨選擇階梯式存款法。這種儲蓄方法既能幫助月光族們控制自己的購物慾望，還能滿足年輕人生活中的各項需求。具體操作方法是：在前三個月時，根據自身情況每個月拿出一定資金存入三個月定期存款，從第四個月開始，每個月便有一個存款是到期的。如果不提款，可以選擇自動轉存，將其自動改為六個月、一年或者兩年的定存利率；之後在第四到第六個月，每月再存入一定資金作為六個月的定存。採取這種階梯式的存款方法，不僅能夠保證年度儲蓄到期額保持等量平衡，而且還能獲取定期存款的較高利息。

杜某去年年底共發年終獎五萬元，考慮到近期用不到這筆錢，但是又不確定什麼時間會急用，他在理財專員的建議下，將這五萬元分為均等五份，各按一年、兩年、三年、四年、五年定期存為五分存款。等到一年過後，杜某將到期的一年定期存款單續存並改為五年定期，第二年過後，則把到期的兩年定期存款單續存並改為五年定期，以此類推，五年後，杜某的五張存款單就都變成五年期的定期存款單，而且每年都會有一張存款單到期。這樣，既方便使用，又可享受到五年定期的高利息。

階梯式存款法還有一個好處就是可以跟上利率調整，屬於一種中長期儲蓄的方式。如果將所有積蓄存成一張定期存款單，遇到利率成長的情況時，為了避免提前領取造成的利息損失，就只能望而興歎了。選擇階梯式存款法可以保證每年都有一張存款單到期，即使遇到利率成長，也可靈活選擇，爭取利息的最大化。

讀者互動

問：我記性不太好，如果每年存這麼多張存款單，我怕會想不起來而錯過提取時間。

答：可以將每張存款單都設定到期自動續存，這樣既不用擔心因記不起來導致存款轉為活期儲蓄，又可以免去多跑銀行之苦。但是有一點需要注意，那就是一定要把這些存款單放好，而且設置密碼。

仔細檢查存款金額

回想一下，每次在銀行辦完存取款業務後，你是否會仔細核對單據？不要認為銀行不會犯任何錯誤，俗話說「人無完人」，銀行的工作人員也會有「失誤」的時候。

一日，蔣某到某銀行存錢。蔣某在服務視窗遞進一萬元現金要求儲存，一位工作人員接過錢，放在點鈔機上點，點鈔機準確無誤顯示一萬元，工作人員向蔣某重複了一遍「一萬元」。接著，他拿出一張存款單叫蔣某簽名，蔣某不假思索的就在上面簽了名。過了一會，工作人員把存摺也遞了出來。

回到家後，蔣某的妻子康某拿來存摺隨便翻看，就在即將合上的那一剎那，康某隱約覺得存摺上的數目好像不對，連忙打開仔細查對，發現存摺裡只存進了一千元。

蔣某趕忙返回銀行，工作人員在核對了存款單、存摺後，連忙遞出另外一張存款單叫蔣某簽名，並幫蔣某重新刷了九千元在卡上，並向蔣某道了歉。

在此事中，蔣某還算幸運的，他較為及時發現了存款資料的錯誤，總歸錢還是沒有少存。雖然說銀行每天都要盤點，如果發現現金超額，會馬上進行查找。但是如果儲戶沒有發現，銀行也沒有查出，就損失了。因此，儲戶在存取現金時，一定要把存款單、存摺都仔細覆核一遍，取款時現金數額要當場點清，檢查無誤後再離開櫃檯。如果儲戶事後才發現錯誤，可到銀行說明情況，根據當時的情況、錄影記錄，補回差額。

讀者互動

問：銀行工作人員將取款憑單的金額列印錯誤了，我向其索要錯誤的憑單，他卻沒有給我，這樣的做法是對的嗎？

答：通常說來，取款憑證應該在取款人核對姓名、取款金額無誤時才能簽字。如果你是在還未列印、核對的單據上簽了字，後又被發現列印錯誤，那麼，你這筆取款業務將被沖銷後再重新做，並重新列印正確的取款單，再叫你簽字。打錯的那張取款憑證和充帳憑證將作為正確取款單的附件，送銀行的事後監督員處審核。你只需看存摺上是否有相同金額的錯誤取款和收款各一筆就可以了。

辦理自動轉存有多重要

在儲蓄上，我們主張不要將「雞蛋放在同一個籃子裡」，將存款分別存成多張存款單靈活理財更有利於利息的最大化。但是不知道你是否會有這樣的困擾，時間長了，經常忘記自己哪張存款單即將到期？哪張存款單已經到期？

近日，小王在整理自己在銀行所存的定期存款單時，發現多張存款單早已過期，其中最長的甚至已經超期將近兩年。而在這些超期的存款單中，多數都沒有與銀行約定「自動轉存」業務。由於這一疏忽，小王算了一筆帳，按定期存款利率和活期存款利率的差數計算，自己白白損失去了近三千元，讓他心痛不已。

相信現實生活中像小王這樣粗心大意的人並不在少數，他們認為把自己辛苦賺來的錢放在銀行裡存定期是最為保險的，存上後便把存款單放在更為「保險」地方，不再過問，讓存款單「呼呼的睡了大覺」。殊不知，這種看似安全的做法，已經在不知不覺中給自己的利息造成了很大的損失。

由此可見，對定期存款辦理「自動轉存」很重要。

所謂「自動轉存」，即客戶在存款時選擇的一項特殊業務，當客戶的存款到期後，客戶如果沒有前往銀行辦理轉存手續，銀行可自動將到期的存款本息按相同存期一併轉存，不受次數限制，續存期利息按前期到期日利率計算。小王如果在存款時選擇了「自動轉

存」業務，就不會平白無故損失三千元了。

因此，當你到銀行辦理定期存款時，一定要找能辦理自動轉存的銀行，而且一定要看清存款單上的相關內容。例如：看清楚存款單上在注明存款人、金額、存期、利率等因素的同時，是否也同時列印了「自動轉存」的字樣。如果標注了「自動轉存」，說明銀行已經為你辦理了定期存款自動轉存業務，這樣的話，如果你選擇的存期為一年定期，即使一年後定期存款已經到期，也不必擔心存款會因為超期而按活期利率去計算利息了。定期存款單一旦到期，仍將會按一年定期存款「自動轉存」，利息仍以一年定期利率計算。

如果你不願意將存款轉存為與之前同樣的存期，還可以自由選擇。目前，部分商業銀行已經可以提供更為精細化的自動轉存服務。你可以按照實際需要事先選擇是否轉存、轉存多久，靈活組合存期和轉存期。

此外，儲戶在進行定期存款時，還應比較一下不同銀行的不同計息方式。有時候，兩筆數目相同的定期存款，存入相同時間，領取相同時間，但是由於選擇了兩家不同的銀行，最後的利息也會相差很多。

讀者互動

問：把錢存進銀行是存五年定期划算還是一年自動轉存划算？

答：如果不急用錢，五年定期的收益要高於一年定期自動轉存的收益。不過就當前的形勢來看，利率較低，因此，存一年定期自動轉存更具靈活性。

哪些儲蓄風險需防範

在很多人的心目中，儲蓄是一種最穩健的理財方式，談不上有什麼風險。事實上並不是如此，只要是投資，就會有風險，儲蓄同樣有風險，只不過儲蓄的風險沒有其他投資方式的風險那麼大而已。儲蓄的風險與其他的投資方式的風險有所不同，它展現在不能獲得預期的儲蓄利息收入上，以及由於通貨膨脹而引起儲蓄本金貶值上。

風險之一：無法獲得預期的利息收入

不能獲得預期的儲蓄利息收入主要是由於以下兩種原因所致，一是存款的提前領取或逾期不取；二就是儲蓄種類選擇的不正確。

按照儲蓄條例的規定，定期存款存期內無論利率是調高還是調低，存款到期一律按存入日利率標準計算利息；如果將存款提前領取，利息將按領取日掛牌的活期存款利率支付。也就是說，如果把錢存入銀行後，存款利率調高，或者當定期存款尚未到期，但急需把錢提前領取時，那必然會有利息的損失。此外，如果定期儲蓄逾期未取，除選擇自動轉存外，未領取部分將按照領取日的活期儲蓄利率和相應天數計算，利息極度縮水。

其次，沒有對儲蓄種類做出正確的選擇也會導致存款利息的減少，儲戶在選擇存款種類時應該根據自己的實際情況做出正確的判斷。例如：有些儲戶認為選擇儲蓄組合太複雜，為了省事，直接將大量資金存入活期存款帳戶，認為這樣既方便領取，又可直接持卡

消費。也許在短時間內這種做法確實可以帶給你便利，但是你應該了解到，活期儲蓄的利息很低，年利率只有百分之零點零四，由此造成的利息損失，可見一斑。

那麼，怎樣才能最大限度的規避此類風險，使得利息收入最大化呢？

首先，要學會分析經濟形勢和趨勢。利率的調整與當前的經濟形勢有著密不可分的關係，平時多關注一下媒體對經濟形勢的報導對利率走勢的準確判斷有很大幫助。假設現在的利率處於一個較高的水準，媒體輿論也沒有任何風吹草動，那麼，政府在一段時間內再次調高利率的可能性很小，在這種情況下可以把存款的期限定得稍長一些；反之，則稍短一些。

其次，選擇適合自己的儲蓄種類。我們都知道，不同種類、不同期限的存款，其利率是不同的，期限越長，利率越高。但是如果不根據自己的實際情況而一味的選擇長期，以後一旦遇到急事需要提前領取，損失的是自己的利息。因此，在選擇儲蓄種類時，一定要根據自己的實際情況準確預估款項的用時間，避免提前領取的現象發生。

第三，如遇急事不得不提前領取時，可辦理部分提前領取，未提取部分仍可按原存款單的存入日期、原利率、原到期日計算利息。這樣可以減少不少的利息損失。但是，根據現行儲蓄條例的規定，只有定期儲蓄存款（包括通知存款）可以辦理部分提前領取業務，其他的儲蓄品種不能辦理。

第四，辦理存款單質借貸款。除了部分提前領取，定期存款還可以拿定期存款單作抵押，辦理小額抵押貸款，也就是存款單質押貸款。這種貸款是指借款人以貸款銀行簽發的未到期的個人本外幣定期儲蓄存款單（也有銀行辦理與本行簽訂有保證承諾協定的其他金融機構開具的存款單的抵押貸款）作為質押，從貸款銀行取得一訂金額貸款，並按期歸還貸款本息的一種信用業務。

風險之二：由於通貨膨脹而引起儲蓄本金貶值

這類儲蓄風險主要發生在通貨膨脹較為嚴重的時期，國家為了維護儲戶的利益，會採取各種調控手段，將存款利率維持在一個大於等於物價上漲率的水準上。但是，物價的上漲率是國家統計局根據物價變動的平均水準計算的，而各地物價上漲的幅度並不是統一的，可能會低於或高於國家公布的平均物價上漲率，當存款利率低於通貨膨脹率，就會出現負利率的現象。舉例來說，如果當時通貨膨脹率為百分之五，而銀行存款利率也是百分之五，那麼儲戶的實際收益就為零；如果在一個時期內，通貨膨脹率高於銀行存款利率，那麼儲戶的實際收益就為負了。這個時候如果沒有保值貼補，存款的本金就會發生損失。

在通膨時期，要想以儲蓄跑贏通膨是不太現實的。對於九年級來說，在儲蓄存款時要盡量實現保值，以最優化的儲蓄結構來達到損失的最小化。

首先，不要輕易將定期存款隨意取出。如果沒有很大把握的高收益投資機會，千萬不要輕易將已存入銀行一段時間的、尤其是存

期已過半的定期存款取出。因為即使在物價飛速上漲、銀行存款利率低於物價上漲率而出現負利率的時候，銀行存款還將按照票面利率計算利息。如果在這個時候把錢取出來放在家裡，那麼一點利息也沒有，損失更大。

其次，要學會比較不同投資專案的收益大小。即使遇到高收益的投資機會，也不要盲目的提前領取定期存款，改作其他投資。這時應該理智的將繼續持有定期存款與取出存款改作其他投資的收益情況做個比較，再決定選擇哪種投資方式，以免得不償失。

第三，要謹慎對待已到期存款。在通膨時期，對於那些已經到期的定期存款，一定要根據存款的利息收益率、利率水準以及利率走勢等因素進行分析，再根據自身的實際情況進行選擇。九年級尤其要考慮自身的工作性質、靈活掌握投資時間的程度、以及對風險的承受能力等因素。

如果遇到當前利率水準較高，未來利率水準有可能下調的情況時，可以選擇繼續轉存為定期，因為利息收入是按存入日的利率計算的，在利率水準較高、或利率可能下調的情況下，存入較長期限的定期存款意味著可獲得較高的利息收入。反之，如果遇到當前利率水準較低，未來利率水準有可能調高的情況時，可以將已到期的定期存款投資一些收益率較高的產品；或者將存款轉存為期限較短的儲蓄品種，以待更好的投資機會。

第四，考慮持有部分實物投資。像房地產、黃金、收藏品這類實物投資有助於抵禦通貨膨脹的風險。紙幣有可能一夜之間貶值，但是實物性投資則會因為通膨而「水漲船高」。在通膨期間選擇實物投資會是個不錯的選擇。

讀者互動

問：聽完電視上專家們預測的利率走勢後，我們該怎樣選擇存期呢？

答：利率的合理預測是非常重要的。例如：當預測利率要走低時，可以在存期上選擇存長期，這樣即使利率開始走低，也能保證您的存款在未來一段時間內的高利率空間；同樣的道理，如果預測利率要走高時，就應在存期上選擇短期，這樣可以最大限度的減少提前領取轉存時導致的利息損失。

第 3 章　投資保險篇

—— 賺錢消費固然要，但也別忘買保障

擁有一份固定保險很重要

正所謂「天有不測風雲，人有旦夕禍福」，意外受傷、交通事故、重大疾病、失業離職、住房失火等都可能給我們帶來巨大的經濟損失。風險的發生往往具有不確定性，一旦發生，所造成的後果就是災難性的。如今，不少的「九年級」都已成家，他們不但要承擔贍養雙方父母的責任，還要面臨孩子的成長和教育問題。而且，「九年級」中多數是獨生子女，一旦面臨風險，只能靠自己一個人。

雖然說天不一定會下雨，但雨傘卻是我們生活中必不可少的物品；小偷不一定會來光顧，但我們還是願意裝上防盜門。保險的作用也是如此，風險並不一定會發生，但是居安思危，也可有備無患。

但是在現實生活中，充分認識到保險重要性的「九年級」並不多。曾經有統計機構針對「九年級」上險情況、保險觀念等方面做過如下抽樣調查。

調查一：如果手上有閒錢，您首選的理財方式是什麼？

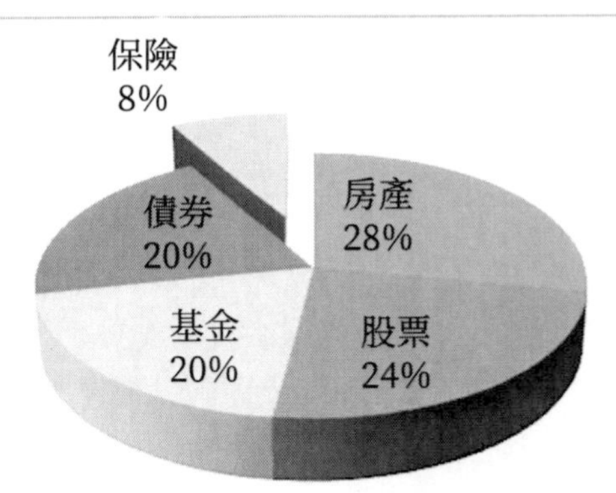

結果顯示，在五十名調查對象中，僅有四人選擇了保險，僅占到 8%。「九年級」小辛說，「我們這一代不像上一代有福利分房，住房得靠自己解決，面對節節攀升的房價，如果有錢當然先買房子。再說，以現在的房價成長速度，就算不自住，投資也划算啊！至於買保險，我從來沒想過這個問題。」

調查二：您的父母是否為您買了保險？

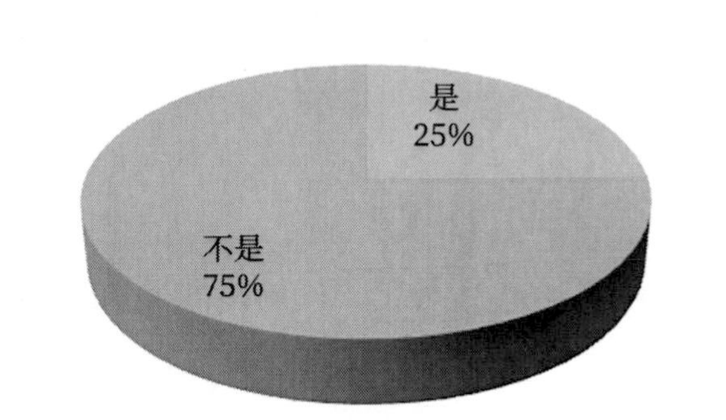

可見，在「調查一」中選擇購買保險的「九年級」不多，並不代表他們已經有了足夠的勞保或者保險，相反，已經擁有保險的「九年級」，所占的比例並不高。

之所以出現這種情況，跟很多「九年級」對保險錯誤的認識有很大關係。

盲點一：公司繳納勞保已足夠

不少「九年級」都認為，既然公司幫助繳納勞保了，自己就不用額外購買保險了。保險顧問指出，這種想法存在盲點。以醫療保險為例，通常來說，在公司報銷醫療費用的同時，有一定比例的醫療費用是需要個人承擔的，而對於三十歲左右的年輕人而言，勞保的報銷比例還不是很高，發生意外事故後導致的醫療費用很多都要由自己承擔。另外，在住院治療期間，薪資獎金肯定會受到影響，出院後還需要一定時間的療養，不一定所有的公司醫療保險都會彌補這些損失。而選擇保險，就可以幫助你承擔一筆不小的費用。

今年三月分，在運輸公司工作的陸先生遭遇車禍，不幸身亡。事後，運輸公司積極善後，並按公司的規定，向該員工家屬發放十八個月的薪資作為撫恤金，並組織員工捐款。但是由於此事是在工作之外發生的，不屬於公司保險的保障範圍，因此，並不能獲得相關補償。所幸陸先生多年來一直自己購買著一份意外險，使這名員工的家屬獲得了三十萬元的補償。而這三十萬元，是所有善後款項中最大的一筆。

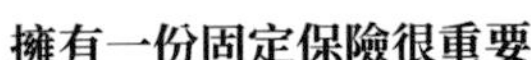

盲點二：我還年輕，不需要保險

今年，第一批九年級邁入了三十的大門，正所謂「三十而立」，對於他們來說，不但要承擔贍養父母的責任，還要操心孩子的成長和教育問題，他們才是家裡最重要的支柱。但是在問起「誰是家中最需要保險的人」的問題時，多數支柱們沒有選擇自己，而是選擇了老人和孩子。

尊老愛幼的傳統美德固然沒錯，但是在投保側重點上發生了一定偏差，其實家庭經濟支柱，才是應該首先獲得保障的。如果家裡的支柱發生危險，對於一個小資家庭來講是無法承受的。一旦經濟來源中斷，那就連老人和孩子的保費都繳不起了。相反，如果家庭經濟支柱受保，出了意外，獲得相應補償，老人和孩子的保費也不愁了，全家都能受益。

因此，保險對於「九年級」來說是必不可少的，而且在年輕的時候、健康的時候買，對自身更有利。等到年齡大了，發現周圍盡是風險的時候，可能就會遇到沒有保險可買的尷尬了。

讀者互動

問：我是剛剛步入社會不久的「九年級」，我該選擇哪種保險產品呢？

答：保險產品一般可分為兩種，一種是純保障型保險，一種是分紅投資型。前者價格相對便宜，也很實用。「九年級」剛剛步入社會不久，在經濟條件有限的情況下，保險應該「回歸本源」，即以保障作用為主。後一種分紅投資型保險，是透過與保險公司的經營狀況結合，獲得可觀的收益。如果經濟條件允許，可以選擇分紅投資型，或者兩者結合的兩全險。

年輕人選擇保險的原則

保險是一種結合了投資與保障兩種功能於一身的很複雜的金融工具。但是作為普通薪資階層的我們，還是不要把保險想的過於神祕莫測，保險最重要的作用還是保障。基於這種目的，我們在選擇保險的時候要注意以下原則：

主次原則

你身邊最重要的人是誰？父母？愛人？還是自己的孩子？一個家庭中最重要的支柱又是誰？將家人的重要程度排列出主次和重點，展現在選擇保險上，就是在投保保費的支出上排列出了主次和重點。通常對於父母來說，子女是其最大的保障；身為年輕父母，自身是年幼子女最大的保障；對二人家庭來說，經濟收入高者是另外一個人的保障；如果僅僅是自己，那自己就是自己最大的保障。

趁早原則

從「投機」的角度來講，「保險」就是用較少的錢進行以小搏大，從而獲得保險公司給予的「保險補償」。那麼，越早投保，獲得的保障性價比就越高。拿醫療保險來說，意外、大病、一般疾病是每一個人所要面對的風險形式，其帶來的後果無非以下幾種：花

費醫療費、花費大病高額治療費、手術費；或者某人太早離開，使得其他人生活困難；甚至家庭在花費了大額治療金後某人還是離開了，落得個「人財兩空」的下場。

評估原則

有一個比較現實的小故事：一個人和一匹馬同樣在馬路上被撞死，馬死後還能夠賣肉為主人賺錢，可是如果這個人沒有保險，就只能讓家人花錢。這樣的比較也許比較殘酷，但現實確實如此。在選擇保險的時候，問問自己或者要保障的人，一旦遇到「意外」，自己的身體能夠留給家人、父母或者孩子多少錢？從中再扣除各險種都包含的身故額度，剩下的就是你需要單獨的壽險保障額度。

「三看」原則

這一原則主要是針對保險公司的。在選擇保險公司時，要「三看」，即看公司實力、看產品細節、看理賠品質。其中，看公司實力是指要選擇具備足夠償付能力的公司，這樣才能保證在發生保險事故的情況下，有足夠的資金向被保險人支付保險金；看產品細節是因為不同的保險公司，同樣產品的價格可能不同，同樣保費的保險保障的範圍、保障的時間也會有所不同，投保人只有看清了這些細節，才能正確選擇保險公司；理賠品質的好壞直接反映出一家保險公司的信譽，好的保險公司理賠時比較方便，也比較快，客戶只需要收集相關材料即可，不好的保險公司理賠起來拖拖拉拉，非常繁瑣。買保險的目的就是避免風險，千萬不要因為沒有選擇好保險公司而增加了新的風險。

金字塔原則

至於購買養老保險、子女教育保險以及純粹的兩全分紅保險，更多的意義是為了增值，當然，增值的目的還是為了自己發生意外以及年老的時候，自己的孩子能夠有一定保障。但是，財產的增值不能完全依賴保險，而是應該將保險與其他收益更高的理財方式相結合，例如：在投資養老保險時，可以勞保打底、壽險提升、投資健全，形成一個金字塔形狀的投資組合；在投資子女教育保險時，可以儲蓄打底，壽險提升、投資健全，同樣是一個金字塔形狀。

讀者互動

問：我是個比較懶的「九年級」，我打算找一個代理人幫我打理保險，有什麼注意事項嗎？

答：保險代理人的選擇要看和個人的契合程度，從某種意義上講，當保險代理人成為客戶的好搭檔或生活中的好朋友時，投保的效果會更好。一個合適的保險代理人能夠聽得懂你的話，明白你的需求，洞曉你的人生規律。只有對你有足夠的了解，才能從專業角度幫助你做出一份最適合自己的保險規劃。

高收入可選擇儲蓄、投資型保險

面對產生的通膨以及環境，收入較高的「九年級」，可以選擇

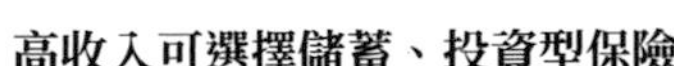

購買儲蓄型保險和投資型保險。

儲蓄型保險——保險保障兩不誤

我們都知道銀行存款、國債具有風險較低，報酬率穩定的優點，而它們的不足之處在於缺乏高報酬的期望，收益率較低。儲蓄型險種以滿期生存保證金為保底，每年還有分紅，而且利息和紅利無須繳納個人所得稅，到期收益將很有可能超過國債。再加上儲蓄型險種具有人身意外保障功能，因此是「九年級」較高收入人群投保的理想選擇。

儲蓄型保險一般以十年為底限，最大的特色在於「保險滿期生存保險金」，即十年或更長的投保期限後，若被保險人平安生存至保險期滿的生效對應日，保險公司將會如數給付相當於多年累計保費總額略有升值的「滿期生存保險金」。加上保險公司每年的紅利，投保者的收益將可能遠遠超過預期。即使是在保險期滿前終止保單，投保者同樣可以獲得按保單累計年期而確定的保單現金價值和保單終止前的累積紅利。另外，儲蓄型保險還擁有傳統保障型壽險應有的保障功能，這主要展現在對被保險人的身故理賠保險金上。若被保險人不幸於合約生效之日起一年期滿後身故，則保險公司將按保單的約定，給付身故保險金以及累積紅利。但是需要注意的是，如果被保險人不幸於合約生效之日起一年內身故，則保險公司將無息返還所交保險費，而不可以參加分紅。

儲蓄型保險相比其他傳統保障型壽險，購買更方便，核保更簡單，投資者只需攜帶身分證和現金到各大銀行儲蓄網點櫃檯，填寫申請書並按照需要繳納保險費即可。保險公司將在三十天內發出保單，投保者可以選擇自己適合的方式，或到網點領取，或是郵寄、快遞至家中或公司等方式拿到保單。

投資型保險 —— 投資保障雙重功效

面對通貨膨脹的來臨，不少投保人都會顧慮重重，保險公司現在承諾退休後每月可領到七千五百元，但是隨著貨幣的貶值，將來還剩多少？針對這一現象，「九年級」可以選擇投資型保險，這一險種能夠有效抗通膨，並能保證保險金隨著利率、通膨及保險公司投資收益的波動而保值增值。

與傳統保險相比，傳統保險通常採用的是固定費率和定額給付的方式，投保人一旦購買了這類保險，保費與保額就不再改變，如果遇到利率下調、通貨緊縮的情況，保險公司將面臨「賠錢」風險；當利率上浮、通貨膨脹時，保險公司又將面臨投保人退保的風險。而投資型保險將不會出現這種情況。

目前市面上比較常見且熱銷的投資型保險主要有三大類：分紅保險、投資連結保險和萬能壽險，三大類期限又有幾十個品種。每個保險品種都各有各的長處，經常令投保人眼花繚亂。

其中，分紅保險是保險公司將其實際經營成果優於定價假設的盈餘，按一定比例向客戶進行分配的新型人壽保險產品。公司都配有專業的投資團隊，在抗通膨方面都會有較強的能力。如果購買分紅險，投保人不僅可以享受固定的保險利益，每年還至少可分享保險公司百分之七十分配盈餘作為紅利。

連結保險，顧名思義，就是保險與投資掛鉤的保險，但更偏重保障功能。保險公司將投保人投資帳戶裡的錢投到股市、債市、銀行理財產品，並將其進行合理的搭配，以保證現金價值或成長。當資本市場發生變化時，投保人的投資資金可在風險不一的各帳戶中進行轉化，以規避風險、實現保值增值。

而萬能險具有分紅險的某些特點，經營成果由保險公司和客戶共同分享。該險種屬於利率敏感型保險產品，一旦央行加息，萬能險資金在銀行的大額協定存款收益必然也會增加，公司給投保人的結算利率也會隨之提高。此外，萬能險還設有最低收益保障，能夠有效防止保險公司收益大幅下滑對投保人造成不利影響。

總而言之，世界上沒有最好的保險，只有最適合你的保險。保險公司會為了自己的利益不斷推出新的保險產品，但是人生的風險是不可預見的，風險的防範措施也是不能等待的。因此，「九年級」在購買時應根據自己的實際需求和風險承受能力去選擇最適合自己的保險套餐。

讀者互動

問：現在有很多保險公司，在選擇保險公司時有什麼原則嗎？

答：選擇保險公司非常重要。由於保險的主要功能就是防範意外，但意外發生的時間和地點具有不確定性，意外也許發生在邊遠地方，因此要盡量選擇服務較好，能在第一時間提供服務的保險公司。在選擇好保險產品的基礎上，還要注意保險公司的分布情況、實力的強弱等等。

重大疾病保險額應為年收入的二至三倍

不少「九年級」都認為自己還年輕，身體狀態很好，平時也不鬧什麼毛病，因此不需要買重要疾病保險。但事實上，隨著社會的快速發展，人們面臨的工作和生活壓力不斷加大，不少重大疾病都呈現出年輕化的趨勢。

還有些「九年級」認為自己剛剛工作不久，收入還不高，沒有那麼多錢拿來買保險，如果買得少也達不到什麼作用，還不如不買。但事實上，一些短期意外險和定期壽險費用並不高，一年幾百元或者一千多元就可以獲得較高的保障。至於終身壽險、養老險和投資型保險產品，等到經濟實力相對較強的時候再考慮也為時不晚。

還有的「九年級」認為自己公司已經給繳納了醫療保險，自己就沒有必要再買保險了。這也是一種偏差的觀點。對於沒有健保的人而言，重大疾病保險尤其重要；但是對於公司給繳納醫療保險的人來說，重大疾病險可作為一種必要補充。因為，社會醫療統籌基金對健保人員的保障是「保而不包」的，住院費用和大病醫療的自付比例和金額相對比較高。而如果購買了重大疾病險，只要所患疾病符合保險條款中的保障對象，那麼就可以一次性獲得保險公司的給付。

胡小姐今年二十五歲，工作三年，現在一家公司做助理，年收入大約有三四萬元，公司給繳納基本的勞保。如何為這位「九年級」小白領制定一份適合她的保單呢？

以胡小姐的實際情況而言，她的收入不算高，如果想要獲得較完善的保障及較高的保障額度，就需要選擇更長的交費期，用每年較低的保費換取一個總體的綜合保障。可將胡小姐的繳費期設定為交至五十五歲，總保額為兩百萬元，其年繳保費為一萬九千元，月均僅需一千六百元即可。當然，如果李小姐今後經濟狀況改變，也可以再縮短繳費期。

具體險種配置如下：

住院醫療保險：醫療險包括住院費用型和住院補貼型。其中，住院費用型保險的主要保障內容是依據保險合約的規定，對被保險人的住院醫療費用進行報銷；住院補貼型保險則主要依據合約規定，給予被保險人每日住院補貼等。

按照保單計畫，該醫療險可以提供健保沒有報銷的住院費用及住院前後三十天的門診急診費用，可以額外報銷五萬元 / 次；報銷比例為百分之百，其中包括兩千五百元的自費藥物；同時還有一千元 / 天的住院津貼。如同時因為重大疾病住院及入住重症監護室，最高每天可以額外補貼七百五十元。

以胡小姐目前的收入情況來說，計畫中設定的保額是五十萬元。但相對於目前重大疾病治療費用而言，這一額度略低了一點，「九年級」在選擇重疾險時，保額最好設定為年收入的二三倍，等到胡小姐收入提高後，可將這部分的額度增加至一百萬元以上。

終身壽險（分紅型）：胡小姐希望這筆保費帶有儲蓄功能，因此這份保障計畫的主約設計為具有分紅功能的終身壽險，身故、全殘可獲得五十萬元的理賠。

女性疾病保險 + 女性生育疾病保障：針對女性特有的疾病設置，考慮到胡小姐將要結婚，未來還會生小孩，所以加入了這部分的保障。保額分別為五十萬元。

如果按照這份保單實施，等到胡小姐七十歲時，可以領回的保單現金價值和累積紅利合計一百多萬元，還可以作為養老的補充。

讀者互動

問：我在購買重大疾病險時被問到是一次交足還是年繳，這兩種繳費方式有什麼區別嗎？

答：通常來說一次交足會有一些價格上的優惠，但重疾險的保費還是年繳比較好。雖然所付總額比一次交足略高一些，但是每次繳費較少，不會給家庭帶來太大的負擔，還有利於估量家庭每年的支出狀況，便於家庭理財規劃。如果算上利息等因素，實際成本不一定比一次繳清要高。此外，如果被保險人繳費第二年身染重疾，同樣可以獲得全額的保障，而本應是十年分繳的，實際只付了五分之一保費；若是二十年繳的，就只支付了十分之一的保費。

應注重分紅養老險的保障方面

「九年級」僅有公司繳納勞保是遠遠不夠的，為了自己將來「老有所養」，還應選擇一些養老保險種類。

說到個人養老保險，主要包括固定利率的傳統型養老險和分紅

型養老保險兩種，其中，養老險的預定利率，以及養老金從什麼時間開始領，領多少錢都是預先計算好的；而分紅型養老保險養老金的多少和保險公司的投資收益有一定關係。專家建議，在低利率時代，商業養老保險應首選分紅型產品。

一般情況下，養老險繳納期限越短，繳納的保費總額越少。如三十歲的溫先生投保人壽的某款分紅養老保險，保額五十萬元，從六十歲起每年領取養老金兩萬五千元，生存到八十歲一次領取一百萬元滿期生存金，此外，楊先生還可獲保險公司的紅利分配。如果溫先生選擇一次性繳費的方式，則需一次性繳納保費五十五萬元；如果選擇十年分期繳納，十年共繳納六十五萬元，比一次繳清多繳納了十萬元；而如果選擇二十年期繳，年繳保費為三萬五千，二十年共繳納七十一萬元，比躉繳多繳納了十五萬元，比十年期多繳納了五萬五千元。從以上資料可以看出，保費躉繳更省錢，但是這是在經濟允許的情況下。投保人還是應該根據自身的實際情況，選擇三年繳、五年繳、十年繳、二十年繳、一次繳清等不同的繳納期限。

此外，越早投資分紅養老保險越便宜，這點與重大疾病性相似。由於保險公司給付被保險人的養老金是根據保費複利計算產生的儲蓄金額，因此，早投保一年，保費就要少繳百分之二左右，即便是投保人選擇生日前幾天投保，與過了生日再投保，保費也會有所差別。

「九年級」在選擇分紅養老保險前，應對以上相關知識有個充分、足夠的了解，充分了解該產品的性質、特徵、保險公司對產品費用率、紅利及紅利分配方式、保單持有人承擔的風險、退保問題的規定等。還要明白展示紅利並非保證紅利，對於分紅保險，銷售人員在銷售過程中往往會用一個假定的利率來做演示，且保險利益演示表上都注明高、中、低三檔紅利水準，但即使是低檔紅利，也取決於保險公司的經營狀況，僅僅是公司對未來經營業績的一種預期。而實際紅利水準是由公司的實際經營狀況確定的。

另外，分紅保險作為投資來講是一種長期投資方式，其投資功能要透過一段較長時間才能展現出來。也許在投資之初，成本高，費用大，紅利少，但是隨著產品的各項費用大幅下降，現金價值累計加快，紅利分配也逐漸增多。因此，客戶購買分紅保險後，應盡可能避免退保，否則將發生比不分紅保險退保更大的損失。

最後也是最重要的一點，始終不要忘記保險的主要用途，萬萬不可因為太注重紅利而忽視了保險的保障作用，做出因小失大的傻事。

讀者互動

問：現在市面上除了中資保險機構，還有不少外資保險機構，作為普通投保人，我們該更傾向於哪個呢？

答：有的投保人認為中資保險存在針對性不強、同質化等問題，於是將目光投向外資保險產品。這種觀點是不客觀的。中資保險公司經過多年來的發展，產品體系已初具雛形，在傳統人身險、健康險等方面具有一定的特色；而外

資保險在成型時間較短，要想徹底完成「本土化」還需要一定的時間。投保人在選擇保險時，要弄清自己需要的是風險保障還是投資收益，不要被表象所迷惑。

第 4 章　投資基金篇

—— 年輕人投資理財不妨偏重點基金

年輕人基金理財投資規劃

曾經有這樣一段話在「九年級」之間廣為流傳，「當我上小學時，上大學是不要錢的；當我上大學時，上小學是不要錢的；當我上小學時，上大學是能分配工作的；當我大學畢業時，撞得頭破血流才找了份餓不死的工作；當我還不會賺錢時，房子是分配的；當我開始賺錢時，房子又買不起了；當我們沒有進入股市時，傻瓜都在賺錢；當我們興沖沖的闖進去的時候，才發現自己變成傻瓜」。這段話雖然調侃意味濃重，但是充分詮釋了當今「九年級」的無奈。

如今的「九年級」，如果不靠父母的資助，僅靠自己的薪資，想在都市中過上有車有房的「小康生活」，無疑是比較困難的。因此對於「九年級」來說，學會理財顯得尤為重要。基金相對穩定的收益、較低的風險，很適合初入投資市場的「九年級」人群。同時，在「後金融風暴時代」的今天，基金也是抗通膨最好的理財工具之一。

那麼，你了解基金嗎？

通常來說，基金有廣義和狹義之分。從廣義上講，基金包括信託投資基金、公司信託基金、公積金、保險基金、退休基金，各種基金會的基金。證券市場上現有的基金，主要包括開放式基金和封閉式基金，它們具有收益性功能和增值潛能的特點。狹義上的基金主要是指具有特定目的和用途的基金，因為政府和公司的出資者不

要求投資報酬和投資收回，但要求按法律規定或出資者的意願把資金用在指定的用途上，而形成的基金。

現在我們常說的基金通常指證券投資基金，這是一種透過發售基金份額，將眾多投資者的資金集中起來形成獨立資產，由基金託管人託管，基金管理人管理，以投資組合的方法進行證券投資的利益共用、風險共擔的集合投資方式，是一種間接的證券投資方式。基金管理公司透過發行基金公司，集中投資者的資金，由基金管理人管理和運用資金，從事股票、債券等金融工具投資，然後共擔投資風險、分享投資收益。

基金的種類很多，按照基金公司是否可增加或贖回劃分，基金有開放式基金和封閉式基金兩類。其中，開放式基金不上市交易，一般透過銀行申購和贖回，基金規模不固定；封閉式基金有固定的存續期，期間基金規模固定，一般在證券交易場所上市交易，投資者透過二級市場買賣基金公司。

按照組織型態劃分，基金分為公司型基金和契約型基金。基金透過發行基金股份成立投資基金公司的形式設立，通常稱為公司型基金；由基金管理人、基金託管人和投資人三方透過基金契約設立，通常稱為契約型基金。

按照投資風險和收益情況劃分，基金可分為成長型、收入型和平衡型基金。

按照投資對象的不同，基金分為股票型基金、債券型基金、貨幣市場基金、期貨基金等。

那麼，面對如此眾多的基金產品，具體該如何規劃呢？

首先，我們應該對自己的風險偏好和風險承受能力做一個評估。

其次，根據不同的年齡階段，做出適合自己的基金理財規劃。經過上圖的評估我們知道，對於每一個人來講，不同的年齡階段是有不同需求的，其風險承受能力也大不相同。因此，我們在進行基金理財時，就應該根據不同的年齡階段做不一樣的調整。如下所示。

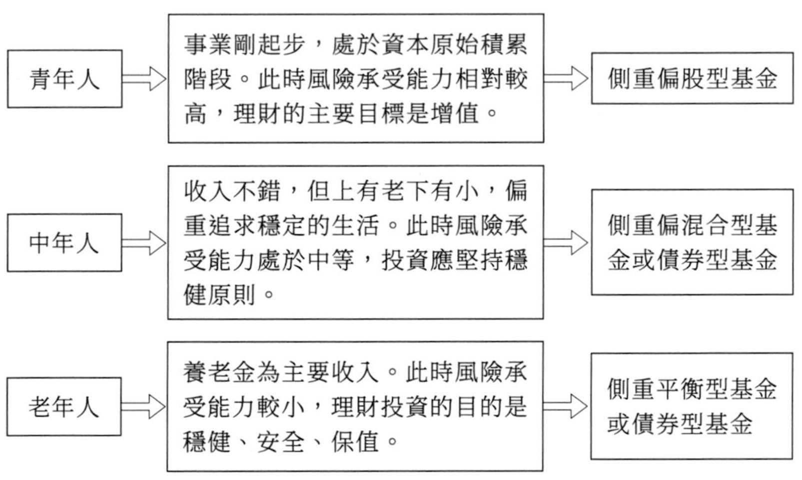

當然，我們列出的只是個體在不同年齡階段進行基金理財投資的一個大體規劃，投資者在選擇主攻項目的同時，還可以配置一小部分其他類型產品來調節收益水準。對於「九年級」中收入頗豐的部分人群來說，可以在側重投資偏股型基金的同時，在專業理財專

員的指導下買點穩健的基金，以平衡投資風險；而對於剛剛步入社會，收入不高的「九年級」來說，不妨選擇定期定額投資基金的方式。「九年級」小偉就採用了這種方式。

小偉剛從學校畢業，目前的薪水在所在都市也就算一個中等偏下的水準，特別是在實習期內，薪水更是少的可憐。但是，與其他九年級不同的是，小偉在一開始工作的時候，就決定理財。

由於薪水不高，可以用於理財的資金不多，小偉選擇每月六百元定期定額投資基金。也許有的人會想，這麼點錢也值得去投資？但是小偉不這麼看，他認為，再少的錢也會集腋成裘，積沙成塔，在薪水不多的情況下，理財最關鍵一點是可以培養健康的生活習慣，特別是消費習慣。

理財專員認為，像小偉這樣選擇基金定期定額的方式不僅投資收益穩定，還具有強制性儲蓄、投資週期跨度長、平均成本、降低風險的特點，很適合「九年級」人群投資。但要注意的是，在選擇定投期限時，應本著對資本市場的週期判斷而定。例如：投資者看好證券市場三年的牛市行情，那麼定投期限就可以設為三年，從而避免到手的利潤在大環境變差的時候大打折扣。

在確定了基金定期定額的投資方式後，就必須嚴格按照開始設定的金額堅持定投，切忌定投不定。此外，在選擇基金公司時，盡量選擇實力強，管理規範的公司。同時，不要定投單一基金，分散投資也可基本上分散風險。

由於定投基金的特殊性，一旦選擇了基金定期定額方式來進行投資理財，就應當越早開始越好。定投基金一般要兩年以上才能看出成效，因此，儘早投資、長期堅持很重要。

由此可見，「九年級」在進行基金投資理財規劃時，最重要的是根據自己的實際情況出發，切忌盲目跟風，僥倖投資。儘早理財，儘早獲得報酬。

讀者互動

問：我想做基金定期定額，但是基金那麼多，我該怎樣選擇呢？是所有的基金都適合做定投麼？

答：並不是所有的基金都適合做定投，只有選對了對象，才能給你帶來理想的報酬。做基金定期定額最好選股票型基金或者配置型基金。投資這些基金最好選擇市場處於上升趨勢的時候。市場在低點時，最適合開始做基金定期定額，只要看好長線前景，短期處於空頭行情的市場最值得開始基金定期定額。

根據理財專員建議買點穩健基金

隨著社會的發展，好媳婦的標準也在不知不覺中有所改變。在一九八〇年代，好媳婦的標準是勤勞能幹；一九九〇年代，好媳婦的標準是美麗溫柔、善解人意；到了二十一世紀，有經濟頭腦、有理財能力的媳婦更受歡迎。特別是「九年級」的媳婦們，在新科技浪潮中成長……當這些小姐變成乖媳婦後，左右她們幸福和成功的關鍵就在於理財。

「九年級」的年輕夫妻們正處於人生中需要大量花錢的階段，買房子、買車子、養孩子、養老人……一個都不能少。如何讓家庭財富得到快速累積，成為「九年級」媳婦理財的必修課。但是，「九年級」的媳婦們常常會有這樣的感慨 —— 物價飆漲，房價高升，唯一不漲的就是薪資。既然薪資是鐵定跑不過通貨膨脹了，如果再靠簡單的積蓄做加法累積財富，顯然是行不通了。財富來之不易，萬萬不能因為方法、理念的缺失而讓它付之東流。因此，挑選優質基金以定投方式參與投資，定期定額、分批買入是「九年級」們穩健理財的好幫手。

所謂「基金定期定額」，是指投資者約定每月扣款時間和扣款金額，由銷售機構(包括銀行和券商)在每月約定日從投資者指定資金帳戶內自動完成扣款和基金申購申請的一種長期投資方式。它與銀行中的零存整付類似，但基金定期定額的收益率遠遠高於零存整付。基金定期定額最大的好處就是可以平均成本、分散風險，因為定投不論行情如何波動都會定期買入固定金額的基金，也就是說，當基金淨值高時，買進份額較少；基金淨值走低時，買進份額較多，自動的逢高少買、逢低多買。選擇「基金定期定額」的理財方式，不僅可以為家庭的未來發展累積財富，更能讓「九年級」們找到一個累積財富的長效方式。

但是，定投雖然能夠平均成本，控制風險，可並代表所有的基金都適合這種方式。在選擇基金時，「九年級」們最好可以在專業理財專員的指導下購買。何為專業理財專員？網上曾有一則廣為流傳的關於基金經理的笑話。

基金經理：我等了這麼久，終於把你盼來了，你就安心坐在這裡吧，不用想別的！

顧客：我可以離開嗎？

基金經理：不，你甚至想都別想！

顧客：你能讓我賺錢嗎？

基金經理：當然！

顧客：你會賺我的錢嗎？

基金經理：不會 ，你怎麼會有這樣的想法？

顧客：出貨前你會通知我嗎？

基金經理：會的。

顧客：你會套牢我嗎？

基金經理：無論如何都不會！

顧客：我能相信你嗎？

基金經理：哎呀！你在想什麼呀！？

可是，當顧客買了該公司的基金後，基金經理對他說：「你應該倒過來從下往上讀，這才是我的大實話。」

雖然這僅僅是個笑話，但是卻諷刺了現實生活中那些能言善辯、可說的卻與實際不符的基金經理。一個好的基金經理，能夠帶來良好的經營業績，為投資者帶來更多的分紅報酬。那麼，「九年級」該如何正確選擇基金經理呢？

第一，良好的職業道德。

良好的職業道德應該是基金經理的基本品質，尤其對於掌管龐大資金的基金經理人來說更是重要。為了避免投資新手的利益蒙受損失，投資者可以採取綜合選擇基金管理公司的方法，評估基金公司的信譽，通常具有良好信譽的公司行事相對公開、謹慎，因此，該公司旗下的基金經理人的品格也比較受肯定。

第二，豐富的實踐經驗。

好的基金經理應該有市場空頭及多頭的經驗，只有親身經歷過空頭及多頭的洗禮，其所管理的基金，才能在空頭時充分展現抗跌性，在多頭時又能有大幅的成長。如果一個基金經理人只經歷過多頭時期，那他可能會對市場估計不足，從而採取過於樂觀、過度積極的投資策略；同理，如果一個基金經理人只經過空頭時期，那麼他很有可能對市場過於悲觀，而採取過度保守的策略。

第三，強大的團隊力量。

一檔基金運作的好壞，通常不是以某個經理的風格來決定的，而是經理背後團隊的力量。經理人應是指揮和引導團隊運作的帶頭人。因此，不要輕易相信那些過分宣傳經理個人人格魅力的基金公司，考察經理背後運作團隊的實力更為重要。

第四，多項技能的經理。

目前，基金市場上研究型的經理較多。雖然研究在產品的運作中有著十分重要的作用，但是事實證明，具有豐富實戰投資經驗的經理，在運作中的勝算係數更大。投資離不開研究，但研究的根本目的是為了更好的運用於投資。因此，一個良好的經理，應當是一個包括研究和投資、行銷在內的多項技能，業也應當著重培養這樣的多項技能。

第五，保持經營業績穩定的基金經理。

這一標準是最顯而易見的，一檔基金能不能保持基金淨值的持續成長和基金份額的穩定，對提升投資者信心是具有積極意義的，同時這也是衡量一檔基金運作好壞的重要判斷標準。

了解了以上內容，相信可以對「九年級」選擇基金有所啟發。

讀者互動

問：我曾在一個明星基金經理的指導下購買過多支基金，收益比較明顯，但是最近這個經理跳槽了，我該怎麼辦呢？

答：目前，有些投資者對於基金經理過於崇拜，看到某個基金經理以前管理的基金業績不俗，現在跳槽去了另一家基金公司去管理另一檔基金，這些投資者就緊跟基金經理的腳步，也更換門庭轉換基金。雖然說基金業績的好壞與基金經理的觀念和智慧是分不開的，但與基金公司和基金團隊的關係更大，沒有了優秀基金公司和優秀基金團隊的依託，任何基金經理都將舉步維艱，再好的智慧也很難發揮。

年輕粉領如何買基金

目前，半數以上的「九年級」都已到了適婚年齡，結婚、買

房、買車、添置家庭耐用品是這一階段的主要理財目標。雖然單身期時的經濟收入可能會比較低而且花費較大，但是這時也是開始計畫投資的關鍵時期。因為此時投資一元所獲得的報酬，等於中年以後投資十五元的效果。

林小姐今年二十六歲，畢業已有四年時間，四年來一直從事新聞媒體工作，現為職業記者，單身。月收入三萬元，比較穩定，公司繳納勞保健保。林小姐每月的支出主要包括：房租八千元，生活費四千元，手機費一千元，交際費三千元，贍養父母五千元，其他不可預計支出一千元左右，年底另有三萬元左右的年終獎。林小姐近期的主要理財目標是購買一間二手小套房，預計總房款五百萬元，計畫採取貸款的方式支付。

透過對林小姐個人情況的分析可以發現，在未來的五至十年內，林小姐及其家人可能會面臨的家庭狀況包括：

(1) 購屋、結婚：由於考慮到住房貸款，而且裝修、婚禮的花費都很大，所以林小姐暫時沒有購車的打算；

(2) 贍養父母：林小姐的父母將於五年後退休，她預計仍將保持現在每月給予五千元孝親費。但隨著父母的年齡增大，有出現重大疾病的可能性，因此，林小姐在每月支付贍養費的同時，還需考慮到醫療費用的因素；

(3) 養育孩子：林小姐計畫在三十歲左右生孩子，這樣基本上可以和父母退休的時間重合，父母可以幫助林小姐解決雙薪無法照顧孩子的問題。

近期來看，林小姐最大的負擔就是購屋。按照銀行現行個人中古屋貸款的規定，林小姐需支付最低頭期款四成一百八十萬。以林小姐目前個人累計的資產來看，與頭期款尚差一段距離，建議可以和將來的未婚夫以及雙方父母共同準備。

對於林小姐來說，現在最重要的應是以儲蓄為主，從現在開始提高儲蓄比例，有意識的存頭期款資金，有計畫、有條理的安排自己的收入和支出，養成合理的消費習慣，每月盡量減少交際費用和其他不必要的開支。同時學習一些理財知識，抽出一小部分資本進行較高風險的投資，在獲取投資經驗的同時賺取一定的利潤。另外，還必須存下一筆錢，一是為將來結婚、生孩子，二是為進一步投資準備本錢。

在投資方面，考慮到林小姐之前沒有任何投資經驗，所以不提倡其進行例如股票、外匯買賣等較為複雜的投資品種。可以考慮投資到收益相對較高、免稅的理財品種，例如基金。

投資基金是一種利益共用、風險公擔的集合投資方式，也就是透過發行基金公司，集中投資者的資金，由基金託管人託管，由基金管理人管理和運用資金，從事股票、債券、外匯、貨幣等金融工具投資，以獲得投資收益和資本增值。對於像林小姐這樣不太熟悉金融市場，而且沒有時間經常去關注證券市場的投資者來說，投資開放式基金是簡單而有效的途徑。

所謂開放式基金，是指基金規模不是固定不變的，可以隨時根據市場供求情況發行新份額或被投資人贖回的投資基金。開放式基金一般不上市交易，都是透過銀行申購和贖回。相對於閉合式基金，開放式基金在激勵約束機制、流動性、透明度和投資便利程度等方面都具有較大優勢，而且開放式基金也更安全，收益更加穩定。

建議林小姐拿出百分之四十至五十的資金投資開放式基金，由於一兩年後會有購屋需求，因此，應該盡量選擇投資風險偏低、收益穩定的基金類型。另外，可將股票型基金、配置型基金、債券型基金按1：2：2的比例配置，這部分投資的年收益率將在百分之五至百分之十左右。

此外，林小姐還可以考慮購買銀行的理財產品，因為銀行理財產品相對於基金投資風險更小，可以分散基金投資風險，但應注意現在銀行理財產品起購點一般是十萬元。

讀者互動

問：我是一個比較懶的單身「九年級」，投資開放式基金會不會很麻煩呢？

答：不會的。你購買了開放式基金就相當於把錢交給了專門的理財顧問，剩下的問題例如選擇什麼樣的股票，什麼時候買入什麼時候賣出，怎樣計算收益等問題都不用自己操心了，所有的這一切都會由基金管理公司為你代勞。另外，現在買賣基金也相當方便，可以直接透過銀行網點進行，手續簡單。你在省時省力的同時，還可以獲得潛在的收益，真可謂是一項最適合「懶人」的投資方式。

靈活配置型基金的主要特點

隨著年齡的增加，「九年級」逐漸成為家庭、企業和社會的中堅力量，他們多數都面臨著買房、購車、子女教育、贍養父母等大額支出的壓力。但是當今社會競爭激烈，「九年級」的工作壓力較大，業餘時間不多，他們很難再抽出時間去研究每一種理財方式的利弊。基金以其專家級的管理優勢正好滿足了廣大「九年級」的需求，而風險收益適中的靈活配置型基金自然成為其首選目標。尤其是近期 A 股市場在新增貸款減少、固定投資減速等不利資料的影響下，指數型基金長期收益不甚理想，靈活配置型基金以其超強的市場機會控制能力，非常適合當前多變的局面。

首先，靈活配置型基金更適合長期投資

靈活配置型基金奉行長期價值投資，利用其專業的優勢為投資人提供了透過投資單一產品就可以完成對不同市場資產覆蓋的功能。靈活配置型基金透過積極的資產分配和操作策略實現了不同市場間的資產轉換，比投資者自己進行資產分配更具成本優勢。

其次，靈活配置型基金風險收益兩相宜

靈活配置型基金有著靈活的資產分配策略，可根據市場情況靈活調整股票和債券的投資比例，保證高風險、高收益的資產和低風險、低收益的資產能夠實現適時的動態組合。當股市處於較低風險區域時增加股票投資，力求股市走高時，贏取收益；在股市處於較高風險區域的時候，降低股票資產投資比例，盡量避免股市下跌給投資者造成損失，守衛勝利果實，從而力爭實現「進可攻、退可

守」的投資效果。

再次，靈活配置型基金適合各類人群

靈活配置型基金有很多不同的類型，按照風險高低劃分，可分為偏股票型靈活配置基金、平衡型靈活配置基金、偏債型靈活配置基金、保本型混合型基金、特殊策略混合型基金。「九年級」可以根據自身的風險承受力、各種靈活配置基金的產品類型、市場風險的大小，選擇不同的靈活配置基金進行持有。

下面舉一實例說明「九年級」選擇靈活配置型基金的簡單模式。

歐陽一家是典型的「九年級」小家庭，歐陽三十歲，妻子二十八歲，有一個三歲大的兒子。夫妻倆月收入稅後七萬元，每月需還房貸和車貸三萬元，生活費一萬元，孩子費用五千元，雙方父母暫時無需贍養，公司均為其購買了保險，每月基本沒有結餘，更談不上投資。

按理說，歐陽一家每個月除去必需的支出，尚可結餘兩萬五千元，但是由於消費理財沒有計畫性，每月基本上沒有儲蓄。為了讓今後的生活更有保障，歐陽諮詢了做理財專員的朋友。

朋友建議，歐陽可將每月兩萬五千元的結餘分成兩部分，一部分五千元，用作日常應急費用，另一部分兩萬元用來投資。

針對歐陽家庭的具體情況，今後主要需要使用資金的方面在子女教育和自身養老兩方面，故可用定期定額購買基金公司管理能力較強的股票型基金，作為子女的教育經費；另外可以選擇定期定額購買混合型基金或債券型基金作自身養老儲備。

歐陽一家為典型的家庭，雖然每個家庭的具體情況有所不同，但把風險控制在可承受的範圍內、取得最大收益的目的都是一樣的。因此，靈活配置型基金非常適合「九年級」青年投資。

讀者互動

問：我以前只炒過股票，股票中「高拋低吸」的投資方式是不是對於基金同樣適宜呢？

答：基金不是股票，「高拋低吸」並不適用於基金投資。基金是一種長期理財工具，追求的是長期利益。通常來說，堅持長期投資往往報酬率更高，也更穩定。雖然基金發展的歷史並不長，但有關資料顯示，長期投資的平均收益率普遍高於短線投資，投資者如果採用「高拋低吸」的波段式操作方法，大多數無法獲得理想的收益。

長期投資基金的四要點

基金與股票有所不同，基金一般不會在短時間內出現淨值的大幅變化，所以投資基金切忌急功近利。而且，基金的申購和贖回費也相對較高，做短線投資會增加操作成本，影響整體收益。因此，我們常常會聽到「基金投資，長線是金」的說法。

佳慧今年二十三歲，剛剛工作一年，工作的辛苦讓她體會到了父母賺錢的不易。於是，她很早意識到了儲蓄的重要性，每到月底都會存一部分薪資到自己在銀行的活期帳戶。但是幾個月過去了，

佳慧發現存在銀行裡的利息微乎其微，如此下去，儲蓄只能是存錢，而無法理財。

佳慧一方面希望自己的投資能夠盡快見效，另一方面又不願把自己辛辛苦苦賺來的錢放在股市裡冒風險，想來想去，她在朋友的建議下，買了一檔基金。基金具有較低的風險和較為平穩的收益，對於她這種謹慎膽小還想發財的投資者而言，無疑是個不錯的選擇。

開始的幾個月，這檔基金表現優異，佳慧每次在網站上看她的基金時，都能由衷的感受到財富成長帶來的驚喜。然而，在接下來的三個月裡，這只「雄雞」似乎變成了「瘟雞」，不斷的「跳空」，佳慧耐住性子堅持相信它在積蓄力量，醞釀反彈。但是在接下來的好幾個月裡，這檔基金幾乎是「自甘墮落」，不斷觸碰著佳慧的心理承受底線。終於，憤怒的佳慧一氣之下，不顧朋友的勸告，忍痛以低價「殺雞」，並打算以後再也不涉足投資領域了。

然而，令佳慧萬萬沒有想到的是，沒過多久，她當初買下又拋棄的那檔基金竟然奇蹟般的鹹魚翻身，一舉創下了佳績，而佳慧也為當時的衝動買了單。

由此可見，基金投資者應該堅持長期投資，只有長期投資，才能獲得較好的收益。但是這裡說的長期投資並不等於長期持有，將一支或多檔基金死抱到底，「長期投資」要學會變通。我們主張的「長期」主要是指時間上的長期，只有我們不斷的投資，才能戰勝通貨膨脹，使自己的資產不貶值。但具體到投資於哪些品種，卻應是根據市場的變化靈活選擇的。例如：股市好時可以投資於股票，債市好時可以投資於債券，黃金行情好時可以投資於黃金等。

此外，「長期投資」也不等於簡單持有，因為基金是靠基金經理的投資智慧獲取收益的，由於基金經理能力、投資風格等因素的影響，並不是每一檔基金都適合長期投資。部分投資風格穩健、投資管理能力強、管理層穩定性較高的基金可以被列入長期持有的備選對象。而對於一些特色基金，例如操作風格積極大膽的基金、投資於特定板塊的基金，可根據對基金表現和基金風格的分析，結合對證券市場的研究判斷，將這些基金進行階段性投資是更好的選擇。

所以說，我們主張的「長期投資」與「長期持有」、「簡單持有」是不同的。在理念層面，「長期投資」主要是指一種堅持長期投資的心態，無論市場怎樣變動，永遠不要放棄投資；在操作層面，我們強調的是階段性的審視和調整投資重點。

長期投資基金還要注意以下四點：

第一，了解基金相關知識

新手在購買基金之前，最好了解一下基金的相關知識。研讀所要購買的基金的招募說明書，對該基金的投資目標、投資策略、風險、費用、基金管理人、以及過往業績做到心裡有數。此外，在購買基金時不要盲目自信，多聽聽其他各方面的意見，不能只認準一支基金或一家基金公司的說法，要多問幾家，多做比較，以便做出最佳選擇。

第二，隨時掌握基金經理的變化

基金經理在基金投資過程中起著至關重要的作用，新手在投資基金時一定要隨時關注基金經理的變化。遇到基金經理離職的情況，應先觀察一段時間後再決定是否繼續持有該檔基金。如果新的基金經理改變了原有的投資策略，使得該基金不再適應你的投資目標，那就應該果斷的賣出這檔基金；反之，如果新的基金經理宣稱將保持原有的投資策略不變，投資者亦不可掉以輕心，應頻繁的觀察基金，確認其投資策略沒有改變。因為很多基金經理在新上任時，都會堅稱堅持原來的投資策略不變，但之後卻常常或多或少做出一些改變。

第三，關注基金分紅情況

既然投資基金，那麼紅利無疑是投資者最關心的事情。在投資基金時不要把紅利簡單的看成利潤，紅利也有健康和不健康之分。只有健康的分紅，才值得追隨。所謂健康的紅利，是基金經理根據市場的變化做出理性選擇後賺取的利潤，也就是說，當大盤漲時，不用太急著分紅，可待手中牛股獲得更多收益；而當大盤開始回檔，則將手中兌現的收益分配掉，免得日後淨值下跌吞噬掉投資者的浮盈。如果基金經理能夠堅持從投資者利益出發，賺取健康的紅利，那麼投資者沒有理由不長期追隨。

第四，保持良好的投資心態

基金是一種長期理財投資產品，因此，保持一個良好的投資心態對於投資者來說是非常重要的。如果為了生計而投資基金，將在不知不覺中帶上極大的功利性，這樣很難樹立平和的投資心態。反之，如果將基金視為一種理財工具，投資者不對其投入過多的精力，往往能夠取得良好的投資業績。另外，基金產品主張細水長流，如果希望能夠透過投資基金一夜暴富，那麼就大錯特錯了。只有長期關注基金淨值，把握基金運作的節拍，才能在這個過程中有所斬獲。

讀者互動

問：我是個剛剛工作的新鮮人，手頭上可以用於投資的錢不多，那麼我選擇基金的時候是不是應該只買對的，不買貴的呢？

答：不是的，投資基金應該「只買對的，不怕貴的」。基金價格不是投資時的判斷標準，關鍵是看這檔基金背後公司的投資管理能力。便宜基金不代表未來收益高，基金淨值高也不代表投資風險高。

如何進行基金投資組合

「不要把雞蛋放在一個籃子裡」是當初分散風險的原則，也是大家早已熟悉的投資理財原則。如今，基金作為年輕人的重要理財工具，同樣應該貫徹「不要把所有的雞蛋都放在一個籃子裡」的投資方針。也就是說，我們在購買基金時應有意識的構建自己的基金投資組合來分散風險。

正所謂「知己知彼，百戰不殆」，要想合理組合基金，首先要

了解各類基金在組合中的特徵及適合對象，從而構建適合自己的基金組合，如下表所示。

名稱	特徵	適合對象
貨幣市場基金	流動性好，風險低，主要是利率風險和贖回風險	適合追求低風險的投資者，不適合對收益有較高要求的投資者
保本型基金	確定保本前提，小部分資金投資股票等	適用於風險承受能力比較弱的投資者
債券型基金	低風險，安全性極佳，但是受利率預期和國家相關政策的影響	適合追求低風險的投資者
指數型基金	複製指數，和複製的指數同漲跌，一般可以獲得總體基金平均水準以上的收益	適合要「賺了指數也賺錢」的投資者，也受到許多機構的追捧
混合型基金	風險低於股票型基金，預期收益高於債券型基金	為投資者提供了一種在不同資產類別之間進行分散投資的工具，比較適合較為保守的投資者
股票型基金	依賴於股票市場，收益不確定。市道好則皆大歡喜；市場一有風吹草動，立刻就面臨著大規模的贖回風潮	風險度比較高，適合那些對股票市場已有初步了解，追求高風險高收益的投資者。建議風險承受不佳的投資者慎選

以上幾種基金的風險及收益大小如下圖所示：

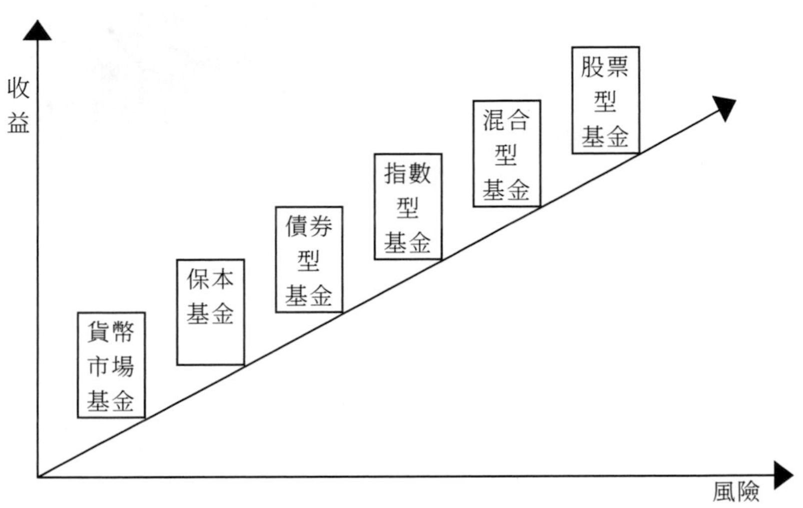

如圖可知，如果一個組合中股票型基金比重很高，貨幣基金、債券型基金等比重低，則一般情況下，其組合風險和收益都高。因此，按照各類基金風險和收益的大小，調節不同基金的比例，就可以組合出不同風險性、收益度的基金組合。

通常來說，在組合基金時，有三種方式可以選擇：

自由組合

這種組合方式適合那些對基金有所了解的「九年級」。如果你有足夠的資金，可以挑選三至五檔基金作為一個投資組合，其中包含三檔風險較高的股票型基金，一至二檔風險適中的平衡型基金，再加上一檔風險最小的貨幣市場基金，這樣組合可以在降低風險的同時提高整體收益。但是在挑選基金的時候，「九年級」還要注意

對基金經理的選擇，盡可能詳細的了解他的投資記錄等相關知識，充分發揮基金經理在投資過程中的作用。

FOF 式基金

對於基金不是很熟悉的新手，面對市面上各式各樣、種類繁多的基金，難免會頭大，這時不妨考慮 FOF 式基金。

FOF 顧名思義，是基金中的基金，它是一種專門投資於其他證券投資基金的基金，可以幫助投資者一次買「一籃子基金」的基金，透過專家二次精選基金，有效降低投資風險。

FOF 式基金的收益較高，同時還具有其他基金沒有的補償機制。一方面，FOF 將多檔基金綑綁在一起，投資 FOF 等於同時投資多檔基金，但比分別投資的成本大大降低了；另一方面，此類基金與基金超市和基金綑綁銷售等純銷售計畫有所不同，FOF 完全採用基金的法律形式，按照基金的運作模式進行操作；FOF 中包含對基金市場的長期投資策略，是一種可長期投資的金融工具。

FOF 式基金透過對基金的組合投資，大幅度降低了投資基金的風險。非常適宜偏好較低風險的「九年級」人群。

基金公司的基金組合

很多基金公司都推出了不同配置的基金組合，每個組合內都包含幾檔不同風格的子基金。

投資者可根據自身的情況自由選擇。

要想打好基金組合靈活牌，還應注意以下四點：

穩定性

基金組合應該保持充分穩定性，既不能在不同類型基金產品中轉來轉去，也不能隨意變動核心組合，從而改變自身的投資風格和策略，偏離自己的投資目標和計畫。

靈活性

投資基金組合不是一成不變的，投資者不能用機械的目光看待基金產品的淨值變化，而是應該根據基金產品的具體表現，適時做出相對的調整。但是，這並不意味著盲目的跟風調整，還應保持自己的投資方向和投資風格。

多樣性

投資基金組合不是簡單的產品累積，形式不應過於單一化。投資者不能簡單的在同一類型基金產品中進行優選，而應當保持基金組合產品的不相關性，除了將不同類型資產進行組合外，還可以透過購買具有保本功能的「保本型基金」、進可攻退可守的「混合型基金」等產品，從而達到分散投資風險的目的。

持續性

投資者無論選擇哪種基金組合方式，目的無非都是為了追求基金組合收益的最大化。因此，堅持基金組合的長期性和持續性對於投資者構建投資組合起著非常重要的作用。

讀者互動

問：我在選擇基金時，是應該看重淨值，還是累計淨值呢？

答：淨值和累計淨值都重要。基金的淨值是指你所買的基金現

在每股的價值，而累計淨值是包括你所買的基金現在的市場價值和每股基金累計紅利二者加到一起的價值。簡單的說，累計淨值展現「過去成績」，淨值展現「現在成績」，購買時都必須考慮。

指數型、股票型與偏股型基金的不同

在眾多的基金品種中，指數型基金、股票型基金、偏股型基金都與股票有關，那麼它們究竟有何區別呢？

指數型基金

指數型基金是以指數成分股為投資對象的基金，也就是透過購買一部分或全部的某指數所包含的股票，來構建指數型基金的投資組合，目的是為了使這個投資組合的變動趨勢與該指數相一致，從而取得與指數大致相同的收益率。在投資策略方面，指數型基金堅持擬合目標指數收益率的方針，分散投資於目標指數的成分股，力求股票組合的收益率。在運作上，指數型基金比其他開放式基金更具抗風險性，而且交易費用低廉、操作簡便方便，更適合長期持有。

具體來說，指數型基金的特點主要表現在以下幾個方面：

1. 抗風險能力強

由於指數型基金廣泛分散投資，因此，其中任何一隻單個股票的波動都不會對指數型基金的整體表現帶來影響，由此可分散投資風險。另外，由於指數型基金所釘住的指數一般都具有較長的歷史可以追蹤，因此，指數型基金的風險基本上是可預測的。

2. 交易費用低廉

通常，我們所說的交易費用包括管理費用、交易成本和銷售費用三個方面。指數型基金的管理費用主要是指基金經理人進行投資管理所產生的成本；指數型基金的交易成本主要是指在買賣證券時發生的經紀人佣金等交易費用。指數型基金奉行的是持有策略，不會經常更換股票，因此，它的交易費用遠遠低於積極管理的基金。

3. 延遲納稅

前面說過，指數型基金奉行的是持有策略，所持有股票的換手率很低，只有當一個股票從指數中剔除的時候，或者投資者要求贖回投資的時候，指數型基金才會出售持有的股票，實現部分資本利得。這樣，每年所繳納的資本利得稅很少。不要小看這些資本利得稅，延遲納稅會給投資者帶來很多好處，尤其是累計多年後，在複利效應的作用下，優勢會很明顯。

4. 監控較少

由於運作指數型基金不用進行主動的投資決策，所以基金管理人基本上不需要對基金的表現進行監控。指數型基金管理人的主要任務是監控對應指數的變化，以保證指數型基金的組合構成與之相適應。

股票型基金

所謂股票型基金，是指百分之六十以上的基金資產投資於股票

的基金。市面上的基金大多數都是股票型基金。通常來說，股票型基金的獲利性是最高的，但相對來說投資的風險也較大。因此，較適合穩健或是積極型的投資人。

簡單的說，當投資者購買了一檔股票型基金，那麼就意味著該投資者成為這檔基金所投資的上市公司的股東。透過股票型基金成為上市公司股東後，則有可能獲得兩方面利潤：一方面是股票價格上漲的收益，即通常所說的「資本利得」；另一方面是上市公司以「股利」形式分給股東的利潤，即通常所說的「分紅」。

現在市面上除了股票型基金外，還有債券型基金與貨幣市場基金。其中，債券型基金是指百分之八十以上的基金資產投資於債券的基金，貨幣市場基金是指僅投資於貨幣市場工具的基金。債券型基金的投資對象主要是國債、金融債和企業債；而貨幣市場基金的投資對象主要是一些短期貨幣工具，如國庫券、商業票據、銀行定期存款單、政府短期債券、企業債券、同業存款等。按照收益率高低排序，這三種基金依次為股票型基金、債券型基金、貨幣市場基金。但從風險係數看，股票型基金遠高於其他兩種基金。

具體來說，股票型基金的特點主要有：

1. 多樣性

與其他基金相比，股票型基金的投資對象具有多樣性，投資目的也具有多樣性。

2. 分散風險能力強

對於一般投資者來說，個人很難透過分散投資種類而降低投資風險。但是股票型基金不僅可以讓投資者分享各類股票的收益，還可以透過投資於股票型基金而將風險分散於各類股票上，大大降低了投資風險。此外，股票型基金投資者還可以享受基金大額投資在成本上的相對優勢，降低投資成本，提高投資效益，獲得規模效益的好處。

3. 流動性強

股票型基金的投資對象是流動性極好的股票，因此，股票型基金具有其他基金不具備的流動性強、變現性高的特點，資產品質高，更容易變現。

4. 穩定性強

股票型基金的風險比直接投資於股票要小得多，經營更加穩定，收益更加可觀。不僅如此，封閉式股票型基金上市後，投資者還可以透過在交易所交易獲得買賣差價金期滿後，投資者享有分配剩餘資產的權利。

偏股型基金

偏股型基金是以投資股票為主的基金。收益大，風險也大。一般年收益可達百分之二十左右，但是也存在收益為負的可能性。比較而言，其收益與風險都低於股票型基金。

綜上所述，指數型基金屬於股票型基金中的一種。而股票型基金與偏股型基金最大的區別在於投資股票的比例不同，通常持股比例超過百分之七十的是標準的股票型基金，而持股比例在百分之五十以上的，則為廣義的偏股型基金。

讀者互動

問：我初入基金市場，購買基金有什麼規律可循麼？

答：對於初入門者來說，應該透過認真分析證券市場波動、經濟週期的發展和國家總體政策，從中尋找買賣基金的時機。一般應在股市或經濟處於波動週期的底部時買進，而在高峰時賣出。在經濟增速下調落底時，可適當提高債券型基金的投資比重，及時購買新基金。若經濟增速開始上調，則應加重偏股型基金比重，以及關注以面市的老基金。這是因為老基金已完成建倉，建倉成本也會較低。

保本型基金 —— 最安全的投資

不少專家都將虎年定義為「震盪年」，面對震盪的股市，「九年級」必須找好「抗震武器」。對於投資新手來說，保證本金不受損失、保存既得收益是這個武器最重要的職能。保本型基金既可以保障所投資本金的安全，又可以參與股市上漲的獲利，不失為這個時期的理想選擇。

保本型基金，顧名思義，就是指能夠保證本金，控制本金損失風險，以保本和增值為目標的基金。不論市場走多或空，保本型基金都不會影響日常生活，或原先既定計畫。與其他基金相比，保本型基金具有如下特點：

一、本金有保障

保本型基金最核心的特點就是在投資者持有基金到期時可以獲得本金的保證。因此，投資保本型基金對於本金更有保障。也正是由於這一特點，使得保本型基金的投資風險明顯低於其他基金品種，特別適合於那些不能承受本金受損，但又希望能夠基本上參與證券市場投資的投資人。

二、半封閉性

按照約定，保本型基金都會有一個保本期，基金持有人只有在基金認購期認購的，才能獲得保本的保證；保本期內贖回則不會獲得保本保證，投資者不僅要自己承擔基金淨值波動的風險，而且還可能要支付較高的贖回費用。保本型基金的半封閉性使得保本型基金較適合於以中長期投資為目標的投資人。

三、增值潛力大

保本型基金與銀行存款或國債投資相比，更具增值潛力。因為保本型基金在保證投資者本金安全的同時，還可以透過股票或各種金融衍生產品的投資分享證券市場的收益，從而獲得較高的預期收益。

透過保本型基金的特點可以看出，保本型基金是一種風險很低的基金品種。但是，風險低並不意味著這就是投資者資金安全的「避風港」。「九年級」在投資保本型基金時，還應注意以下問題：

第一，保本型基金保「本」不保「利」

保本型基金的「保」主要是保本金不保盈利，它不能保證基金一定盈利，也不保證最低收益。因此，投資保本型基金就要面臨保本到期日僅能收回本金，或未到保本到期日贖回而發生虧損的可能性。另外，保本型基金對於本金的「保」也有高低之分，根據各基金風險程度的差異，有的保本型基金承諾的保本比例可以低於本金，如保證本金的百分之九十，有的可以等於本金或高於本金。投資人在投資保本型基金時，可以視自己的風險需求來決定保本的比例。

第二，保本型基金雖然保本，但有期限

與銀行保本型理財產品所規定的產品期限一樣，保本型基金也有一個保本期。只有在保本期結束時(如三年或五年)，保本型基金方能對投資者所投資的本金提供百分之百或者更高保證的基金。因此，投資者在保本到期日，一般可以收回本金；如果基金運作成功，投資者還有可能得到額外收益。

第三，保本型基金提前贖回難保本

保本型基金大都有定期贖回的機制。保本型基金的保本保障，是對持有基金到期的投資者而言的。如果投資人提前解約贖回，保本型基金將不提供本金保障，只能按照當時的基金淨值來贖回份額，此外，通常還必須負擔贖回費用。

總而言之，相對於其他基金，保本型基金可稱得上是最安全的投資。但是「九年級」在投資保本型基金之前，還應仔細查閱基金的招募說明書、基金的過往業績等相關資料，了解基金的各種條款設置細節。此外，還可將不同風險收益特徵的基金進行資產分配，在獲得穩健收益的同時，爭取更高的收益。

讀者互動

問：我在買基金，需要選擇前端收費和後端收費，該怎樣選擇呢？

答：盡量選擇後端收費方式。基金管理公司在發行和贖回基金時均要向投資者收取一定的費用，其收費模式主要有前端收費和後端收費兩種。前端收費是在購買時收取費用，後端收費則是贖回時再支付費用。在後端收費模式下，持有基金的年限越長，收費率就越低，一般是按每年百分之二十的速度遞減，直至為零。所以，當你準備長期持有該基金時，選擇後端收費方式有利於降低投資成本。

不可忽視的債券型基金

說起債券型基金，很多投資新手都會對它嗤之以鼻。因為它的收益不如股票型基金，安全性不如貨幣型基金，流動性不如 ETF 和封閉式基金，「九年級」不妨嘗試投資債券型基金。

債券型基金以國債、金融債等固定收益類金融工具為主要投資對象，由於它所投資的產品收益比較穩定，因此又被稱為「固定受益基金」。按照所投資股票的比例，債券型基金又可分為純債券型基金與偏債券型基金。其中，純債型基金不投資股票，偏債型基金

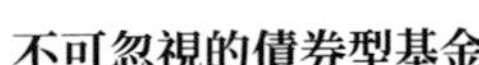

可以投資少量的股票。偏債型基金能夠按照股市走勢靈活的進行資產分配，在控制風險的條件下分享股票市場帶來的機會。

「九年級」選擇投資債券型基金主要有以下優點：

一、風險較低

由於債券型基金的投資對象 —— 債券收益穩定、風險也較小，所以，債券型基金風險較小。此外，由於債券型基金採取的是集中投資者的資金對不同的債券進行組合投資的方式，這種方式能有效降低單個投資者直接投資於某種債券可能面臨的風險。

二、專家理財

目前，債券的種類越來越多，投資者在進行投資之前不但要仔細研究發債實體，還要判斷利率走勢等總體經濟指標。這對於事業、家庭剛剛處於起步階段的「九年級」來說，稍顯力不從心。而選擇債券型基金則無需考慮這麼多，專家會跟你分享專業的理財經驗。

三、費用較低

與股票相比，債券的投資管理要簡單的多，管理費用也比股票投資低。因此，債券型基金的管理費用也相對較低。

四、流動性強

投資者如果選擇投資於非流通債券，那麼只有在到期時才能兌現。而透過債券型基金間接投資於債券，則可以隨時將持有的債券型基金轉讓或贖回，從而獲取很高的流動性。

五、收益穩定

我們都知道，投資於債券到期會歸還本金，還會有額外的利息報酬。債券型基金同樣有此優點，能夠幫助投資者獲得較為穩定的收益。

既然債券型基金在安全性和收益性等方面都有明顯的優勢，那麼，對於「九年級」的投資者來說，該如何選擇債券型基金呢？理財專員建議，要學會選擇債券型基金，首先要了解債券是什麼。簡單的說，投資債券就是貸款給債券的發行人，當債券到期時，發行人會將本金償還，同時會定期給予一定的利息收入。投資者投資債券，最需關心的因素主要是債券的到期時間和發行人的償還能力。因此，「九年級」在選擇債券型基金時也要特別注意這兩大因素，因為由其有可能會帶來兩大風險，一是利率風險，即所投資的債券對利率變動的敏感程度（又稱久期），二是信用風險。只有充分了解了這兩大風險，才能準確審視該基金是否符合自己的投資需求。

首先，利率風險。

通常來說，債券價格的漲跌與利率的升降成反比關係。當利率上升，債券價格下滑；反之，利率下降，債券價格上升。要想知道債券價格的變化，從而了解債券型基金的資產淨值對於利率變動的敏感程度如何，可以用「久期」作為指標來衡量。

所謂久期，也稱持續期，它是以未來時間發生的現金流，按照目前的收益率折現成現值，再用每筆現值乘以其距離債券到期日

的年限求和，然後以這個總和除以債券目前的價格得到的數值。久期取決於債券的三大因素：到期期限、本金和利息支出的現金流、到期收益率。久期越長，債券型基金的資產淨值對利息的變動越敏感。例如：某只債券型基金的久期是五年，那麼如果利率下降一個百分點，則基金的資產淨值約增加五個百分點；反之，如果利率上漲一個百分點，則基金的資產淨值要遭受五個百分點的損失。

其次，信用風險

債券型基金的信用度取決於所投資債券的信用等級，因此，投資者要重點了解該債券的相關事宜。例如在基金招募說明書中，有對所投資債券信用等級的限制；在基金投資組合報告中，有對持有債券信用等級的描述。

在了解了以上內容後，在投資債券型基金前還應認清債券型基金與股市的關聯度。由於債券型基金的絕大部分資金不投資於股票市場，而主要透過投資債券獲利，債券型基金在震盪的股市中具備一定的抗風險能力。但是，低風險並不代表沒有風險。投資者應認識到，任何投資行為首先都應該考慮風險，高風險可以帶來高收益，而低風險的債券型基金相對的收益也就較低。

此外，儘管債券型基金具有抗風險、收益穩健的特徵，但也不建議因股市近期震盪顯著，而「全倉」債券型基金。投資基金時，「九年級」可根據自己的風險承受能力和風險偏好，將大部分資產均衡的配置在債券型基金、股票型基金上，還可將一部分資產根據市場的變動情況，考慮是否繼續追加投資，只有均衡的組合投資策略才能在長期上實現穩健收益。

讀者互動

問：基金宣傳單上都有個風險係數，該怎樣理解這些數字呢？

答：風險係數是評估基金風險的指標，通常是以「標準差」、「貝塔係數」與「夏普指數」三項來表示。初入基金市場的新手只要大約掌握以下原則就行了：「標準差」越小、波動風險越小（標準差是衡量基金報酬率的波動程度）；「貝塔係數」小於一、風險越小（貝塔係數是衡量基金報酬率與相對指數報酬率的敏感程度）；「夏普指數」越高越好（夏普指數是衡量基金承擔每單位風險所獲得的額外報酬）。

第 5 章　投資股票篇

—— 新手投資股票比重應比基金少些

先學好股票的相關知識

隨著近幾年來股市的活躍，參與股市投資的人日益增多，股市投資已成為一種重要的理財手段。年輕人喜歡追逐新鮮事物，股市的不可預知性和高收益性對他們有著無與倫比的誘惑，越來越多的年輕人投身到了炒股大軍之中。

但是，股市風險的不可預測性畢竟是存在的，高收益向來都是對應著高風險。對於初涉塵世的新鮮人來說，在社會閱歷和心理承受能力尚未達到一定階段時，盡量不要涉足股市。如果想要嘗試，也一定要提前做好充足的準備，有意識的學習股票相關知識，了解炒股常識，這樣你才有可能實現自己的股市淘金夢。

股票是什麼？

股票是一種有價證券，是股份證書的簡稱，是股份公司在籌集資本時向出資人公開或私下發行的、用以證明出資人的股本身分和權利，並根據持有人所持有的股份數享有權益和承擔義務的憑證。

舉個簡單的例子來說明股票的作用。例如：你買了中石油的股票，你就成為了中石油的股東之一；如果你買了中石油的很多股票，足以影響公司的決策，那麼你就是大股東之一，否則就是一般的散戶。投資股票要麼靠股票價格波動進行投機操作來獲得盈利，要麼就持有股票等它升值或年終時股利分紅。

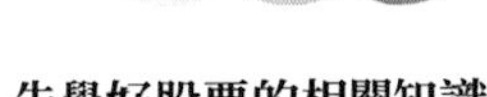

股票有哪些特徵？

較高的穩定度。從期限上看，股票的期限等於公司存續的期限，只要公司存在，它所發行的股票就存在。股票一經買入，任何持股人都不能退股，只能到二級市場賣給第三者。股票轉讓只意味著公司股東的改變，並不減少公司資本。

較大的風險性。股票是一種高風險的金融產品。股票的價格通常受到公司的經營狀況、供求關係、銀行利率、大眾心理等多種因素的影響，處於不斷波動中。股票價格的波動雖然不會影響上市公司的經營業績，從而影響股息和紅利，但股票的貶值卻會使投資者蒙受部分損失。例如 IBM 公司，當其業績不凡時，每股價格曾高達一百七十美元，但當其出現經營失策而招致虧損時，股價又下跌到四十美元。如果不合時機的在高價位買進該股，就會導致嚴重損失。

有一定的權利和義務。股東有出席股東大會，選舉公司董事會，參與公司重大決策的權利。當然，這個權利大小取決於其所持有的股份的多少。從實踐中看，只要股東持有的股票數量達到左右決策結果所需的實際多數時，就能掌握公司的決策控制權。

股票可以流通。股票的流通性是指股票在不同投資者之間的可交易性。可流通股數越多，成交量越大，價格對成交量越不敏感，股票的流通性就越好，反之就越差。正是由於股票具有很強的流通性，才使股票成為一種重要的融資工具並不斷發展。

股市有哪些常用專業術語？

社會上每一個領域都有自己的一些專業術語，股市也不例外。對於初次投資股票的投資新手來說，掌握一些常用的股市術語不僅有利於學習股市的相關知識，而且也便於操作和與人交流。

- 開盤價：指每天成交中最先的一筆成交的價格。
- 收盤價：指每天成交中最後的一筆股票的價格，也就是收盤價格。
- 成交數量：指當天成交的股票數量。
- 最高價：指當天股票成交的各種不同價格是最高的成交價格。
- 最低價：指當天成交的不同價格中最低成交價格。
- 升高盤：是指開盤價比前一天收盤價高出許多。
- 開低盤：是指開盤價比前一天收盤價低出許多。
- 本益比：在一個考察期（通常為十二個月的時間）內，股票的價格和每股收益的比例。投資者通常利用該比例值估量某股票的投資價值，或者用該指標在不同公司的股票之間進行比較。
- 配股：公司發行新股時，按股東所有人參份數，以特價（低於市價）分配給股東認購。
- 換手率：也稱「周轉率」，指在一定時間內市場中股票轉手買賣的頻率，是反映股票流通性強弱的指標之一。
- 成交量：指一個時間公司內對某項交易成交的數量。一般

情況下，成交量大且價格上漲的股票，趨勢向好。成交量持續低迷時，一般出現在熊市或股票整理階段，市場交投不活躍。成交量是判斷股票走勢的重要依據，對分析主力行為提供了重要的依據。

· 成交額：指當天每種股票成交的價格總額。

公司財務報表簡閱方法

公司財務報表反映了該公司在一定時期間的經營成果和財務狀況，要想全面了解一檔股票，公司的財務報表是必須要看的。但是財務報表通常篇幅很長，而且充滿各種專業術語，通篇讀下不僅需要花費很長時間，而且還不一定能徹底看懂。下面我們將對公司財務報表進行整體掃描，看看其中有哪些資料是需要特別注意的。

會計資料和業務資料摘要

公司財務報表中的「會計資料和業務資料摘要」為投資者提供了上市公司的總體經營狀況。投資新手應從中了解每股收益、每股淨資產、淨資產收益率等資料所表達的基本含義，這是最基本的。其次，投資者還要高度重視「每股經營活動所產生的現金流量淨額」這一指標，因為它可以反映出公司在經營過程中是否真的賺到了利潤。

如果我們在炒股時連一些基本的知識都沒有，僅從這些資料分析公司的總體經營狀況是不可能的。我們還應運用一定的方法對這些資料進行處理和分析。最常用的分析方法包括比較分析法、比率分析法和因素分析法。

比較分析法也稱對比分析法，是最基本和最常用的分析方法。具體來說，比較分析法主要有三種形式：計畫和實際比（將實際指標與計畫指標對比，藉以考核有關計畫完成情況）；不同時期比（本期實際數同上期實際數對比，藉以了解有關指標在不同時期的增減變化情況）；行業同類公司比（本期實際數與同行業公司的指標之間相互比較，藉以了解上市公司之間的財務狀況和經營成果之間的差異）。

所謂比率分析法，是指對同一張財務報表的若干不同專案或不同類別之間，或在兩張不同財務報表的有關專案之間，用比率揭示它們之間的相互關係，以分析和評價公司財務狀況和經營成果及其發展趨勢。

至於因素分析法，是以一定的經濟指標為對象，從數值上測定各項因素變動對其差異的影響程度的一種分析方法。投資者利用這種方法可以衡量各項因素影響程度大小，有利於分清差異變動的原因和責任，正確的評價上市公司各方面的經營管理工作。

公司財務狀況

公司財務報表中「公司財務狀況」一欄中包含很多小項，投資新手最需要看的有三項：公司財務狀況、公司投資情況和新年度的發展情況。

其中，透過公司財務狀況，可以看到公司主營業務利潤、淨利

總額的同比成長率，從而看出該公司的發展趨勢；透過公司投資情況，可以看出公司投資項目的進展狀況；透過新年度的發展情況，可以看到公司的發展計畫中是否存在與市場熱點吻合的地方。

財務會計報告

這部分主要關注三張報表：資產負債表、損益表和現金流量表。透過資產負債表可以看出公司的日常會計情況；透過損益表可以反映出公司在一定會計期間內的經營成果；透過現金流量表可以看出公司在一定會計期間內現金和現金等價物流入和流出情況。其中，損益表中會列出營業費用、管理費用和財務費用。透過這三項費用支出可以考察公司的內部管理能力。

透過對以上三個部分內容的了解，可以幫助你在短時間內看懂公司的財務報告，了解股票的基本情況。

在閱讀公司財務報告時，還要做好兩大「結合」。一是將財務資料的分析與上市公司所處行業的發展趨勢相結合，與上市公司所生產商品的競爭能力、供求情況相結合，與個股的市場資金流向相結合。二是在分析財務報表時要做到把趨勢分析法、結構分析法、比率分析法相結合，將總量變動與比率變動相結合，把分析的量比指標與所分析問題的性質結合起來。做好這兩大「結合」，不僅可以讓我們更準確的了解到公司過去和目前的經營狀況，還可以透過有關對比資料來預測公司未來的發展趨勢。

讀者互動

問：我從哪裡可以看到公司的財務報表？

答：根據規定，上市公司的財務報告（含財務報表），包括季報、半年報、年報等，應當在指定的網站上予以公告。一般來說，上市公司自身的網站上，也會有自己公司的財務報告。

投資成長股有哪些原則

按照收益和股價的穩定性，可將股票大體分為三種：成長型股票、績優型股票、收入型股票。具體特點及適合人群如下表所示：

股票類型	特點	適合人群
成長型股票	公司發展速度快，股價不斷上升，分紅較少	敢於冒險的年輕人
績優	公司成熟，有較強實力，有長期穩定的收入和分紅記錄	以穩為主，適當冒點險的青年人和中年人
收入型股票	公司業績相對穩定，分紅更高更穩定	追求穩定收入的老年人

一般來說，成長型股票都有不錯的業績基礎，只要在合適的價位買入，就不會有大的下跌空間，這一優勢很適合敢於冒險的「九年級」。但是哪些公司能夠成長？哪些公司不能成長呢？能夠成為一個長期成長公司的條件又是什麼呢？「九年級」只有搞明白了這一系列問題，才能準確發現成長股，從而持有成長股。

股神巴菲特曾經說過：「投資人除了關注公司營運中的重大事件，還要特別關注公司的長期經濟特徵和長期競爭優勢，如果一家公司在長期經濟特徵上具有某種優點和長處，在長期的競爭過程中，與同行公司競爭時有明顯的優勢，這樣的公司就是必定的成長股。」

具體來看，在選擇成長股時要遵循以下原則：

第一，關注長期表現，而不是瞬間優勢

凡事都要樹立長期的思考空間，而不能只看眼前所發生的具體情況。投資成長股同樣如此，決定一家公司的價值，不能僅看現在的好與壞，而應看長期的好與壞，也就是說，不要看它的瞬間優勢和瞬間成績，需要考察的是它長期的表現和優勢。

第二，長期經濟特徵是企業能否成長的基礎

所謂經濟特徵，指的是這個公司的產品特徵、需求特徵、生產工藝、技術特徵、商業模式等基礎性經營條件和環境。例如：食品行業的需求永不枯竭，需要重複消費，快速消費，而電視機製造業的需求是有限的，它屬於耐用消費，不需要頻繁消費。因此，從產品的需求特徵上看，與電視機製造業相比，食品行業先天具有有利於成長的特點，更有利於企業的成長。

因此，挑選成長股的關鍵就在於看企業所處行業的長期經濟特徵是否先天有利於成長股出現。那麼，什麼樣的行業長期經濟特徵利於出現成長企業呢？

首先，產品要快速重複需求，且需求不斷處於成長中。這一點很容易理解，市場是企業成長的重要推力，有了龐大的需求，才會帶來巨大的市場。例如上文所說的食品消費業，它的特點就比工業用品的市場需求規模大，穩定性好，持久性強。

其次，該行業生產經營過程中，無論是生產工藝，生產技術和生產過程都比較簡單，而且不會發生頻繁的變化和變動。巴菲特曾經說過：「經營盈利能力最好的企業，經常是那些現在的經營方式與五年前甚至十年前幾乎完全相同的企業。而一家公司如果經常發生重大變化，就有可能會因此經常遭受重大失誤。」也就是說，如果一家企業的生產技術、生產設備、生產工藝、生產設備不頻繁改變，那麼企業就不需要投入大量的人力、物力、財力進行技術開發和革新，也不需要去重新培訓員工，改變管理制度和管理流程，這樣更有利於企業的成長。

再次，由於市場競爭的因素，使得產品供給集中在少數企業手裡，而且不會有新的進入者來搶占市場份額。

具備了以上三個條件的行業，就具備了長期經濟特徵優勢，這就為出現好的成長股提供條件。作為一個企業而言，只有在具有長期經濟特徵優勢的行業裡發展才能夠取得大的成功，而在長期經濟特徵優勢不明顯或者沒有長期經濟特徵的行業努力也不見得能發展。

第三，長期競爭優勢

長期競爭優勢有廣義與狹義之分。廣義上的長期競爭優勢包含著第二條經濟特徵優勢，那些產品需求大、經營方式長期不變、市

場份額大的企業更具長期競爭優勢；狹義的競爭優勢專指企業的經營優勢，例如某些強勢品牌經過長期的努力，與其他競爭者拉開很大的距離，又如有些自然壟斷的行業，像機場、旅遊景點等，很難出現其他競爭者。

以上三點是選購成長股時應遵循的原則，具體選擇時，不妨參照以下十五個具體問題，也許會對你選股有所啟發。

1. 這家公司的產品有沒有充分的市場潛力？
2. 該公司的產品是否有在幾年內營業額大幅成長的可能性？
3. 與公司的規模相比，這家公司的研發努力，有多大的效果？
4. 該公司的利潤率高不高？
5. 該公司的管理階層是否決心開發新產品或製程？
6. 該公司是否有高人一等的銷售組織？
7. 該公司透過什麼樣的措施維持或改善利潤率？
8. 該公司是否具有一個毋庸置疑的誠實管理層？
9. 該公司的高階主管關係怎麼樣？
10. 該公司的勞資和人事關係好不好？
11. 該公司的管理階層深度夠嗎？
12. 該公司的成本分析和會計記錄做得好嗎？
13. 該公司是否有其他經營層面？
14. 該公司的產品是否有本行業較為獨特的地方？
15. 該公司與同行業其他公司相比，有何競爭優勢？
16. 該公司有沒有短期或長期的盈餘展望？

17. 在可預見的將來，這家公司是否會因為成長而必須發行股票，以取得足夠資金，使得發行在外的股票增加，現有持股人的利益將預期的成長而大幅受損？
18. 該公司的管理階層是不是只向投資人報喜不報憂？

讀者互動

問：成長股和價值股有什麼不同嗎？

答：價值股是公司經營業績較好的股票；而成長股是公司未來經營業務發展前景廣闊的股票。

可優先考慮績優股

曾經有個沉香與木炭的故事。

有一位年老的億萬富翁，他非常擔心自己的萬貫家產在百年之後會給嬌生慣養的獨子帶來禍害，於是他把兒子叫來，給兒子講述了自己當年艱苦的創業故事。兒子聽後十分感動，決定要像父親一樣白手起家，外出尋找寶藏。

兒子遠赴重洋，歷經千辛萬苦，在熱帶雨林中找到了一種會散發出香氣的樹木，這種樹木在家鄉很少見。於是兒子就把這種樹木運回家鄉，搬到市場上去賣。可惜的是，家鄉沒有人賞識這種樹木，最令人氣惱的是旁邊一個賣木炭的小販卻總是生意興隆。由於沒有生意，第二天，兒子也把那種香木燒成了木炭，挑到市場上賣，很快就賣完了。

可是，兒子不知道的是，被他燒成木炭的香木，是這個世界上

珍貴無比的「沉香」，只要切下一小塊磨成粉末，價值就超過了一車的木炭。

故事中的兒子因為不知道「沉香」的價值，結果把珍貴的「沉香」當作普通的木炭賣了，而且，就連買主也只是把「沉香」買了去當木炭使用，這不能不說是一種悲哀。投資股票同樣如此，如果不「識貨」，把「沉香」式股票當成木炭賣了，無疑使自己失去了一次絕好的投資機會。

績優股就可謂是股票中的「沉香」股。

因此，對於「九年級」的中小投資者來說，最重要的就是分清「沉香」股和「木炭」股，並學會挑選「沉香」股。具體到績優股上，該如何選擇呢？

說起績優股，人們一般想到的就是一流、最好的股票，其實也不盡然。績優股目前還沒有一個唯一且準確的定義，它存在於一些指數中，存在於證券分析師的報告中，也存在於一些消費者的心中。美國證券交易所網站這樣描述績優股：所謂績優股，就是指那些以其產品或服務的品質和超越經濟景氣好壞的盈利能力和盈利可靠性而贏得聲譽的企業的股票。從中我們可以看出，績優股與知名的大公司、穩定的盈利記錄、紅利成長、管理素養和產品品質等因素是密不可分的。

可以說，大型公司的股票不一定是績優股，績優股卻一定是大型公司的股票；國民經濟支柱行業裡的公司股票不一定是績優股，但凡是績優股一般都出現在國家支柱行業裡的龍頭企業。也許有些公司經營得很好，業績也很優良，但是從其所處的行業屬性來看，絕對稱不上績優股。

此外，績優公司一般都擔當著產業領袖的角色，是產業價值鏈和產業配套分工體系的主幹和統攝力量，無論是規模、技術水準，還是管理水準，都是這個行業的代表，績優股一旦啟動，往往能成為當時市場中最有影響力和號召力的領漲板塊和龍頭股。

績優股是市場的中流砥柱，業績好，穩定性強，股票價值和價格能得到平衡展現，是價值投資者的首選。

那麼怎樣投資績優股？投資新手可以透過本益比、淨資產收益率、每股收益等指標來關注其業績情況，同時透過流通市值、成交金額和淨利潤總額和市場、行業代表性來綜合選擇目標績優股。

當然，投資績優股也有風險，並不是只要買進就一定能夠盈利。與投資其他類型股票一樣，當績優股價格偏低其價值，而且漲幅不大時，是投資績優股的很好時機；當績優股受到市場過度追捧，股價持續攀升，並帶領大盤指數節節攀高時，市場的風險即將到來，「九年級」此時投資需要注意風險的控制。當績優股的價格高於價值，風險較大，就不值得投資了。

讀者互動

問：被列為績優股範疇的股票是不是無論何時都極具發展潛力呢？

答：績優股不是一成不變的。隨著公司的經營狀況改變以及經濟地位的升降，績優股的排名也會隨之改變。美國《富

比士》雜誌曾經有過統計，一九一七年的一百家最大公司中，目前只有四十三家公司的股票仍屬於績優股範疇，而當年最熱的鐵路股票，如今早已喪失了入選績優股的資格和實力。

做自己熟悉的股票

有句古話「生意不熟不做」。這句話在潮起潮落的股海中同樣適用。股票市場每天都有上漲的股票，也有下跌的股票，每檔股票的價格都在不斷的變化中，因此從理論上來講，任何一檔股票都應該有上漲的機會，只是上漲快慢、漲幅大小、漲跌時間不同罷了。而對於我們「九年級」的普通投資者來說，我們不可能對每一檔股票都瞭若指掌，都能夠在最準確的時機投資最準確的股票，所以我們只要做好自己熟悉的股票就可以了。

股市巴菲特也認同這一原則，他在選擇股票時只會選擇那些自己熟知的股票，而對於那些財務狀況、經營狀況、管理人員等基本情況都不了解、不熟悉的公司，任憑被人說得天花亂墜，也絕不會去投資它，買它的股票。巴菲特常說:「投資必須堅持理性的原則，如果你不了解它，就不要行動。」在他看來，一個人的精力是有限的，而股市上的股票則數以千計，不同的企業從事著不同的業務，我們是不可能對各類業務都熟悉和了解的。與其這樣，不如將精力集中在自己熟悉的公司上，這樣有利於我們的投資決策。

巴菲特是這麼說的，也是這麼做的。縱觀巴菲特的投資生涯，曾經購買過的股票有上百種，而他長期持有且最終使其獲得巨大成功的只有八檔，分別是可口可樂、吉列、美國運通、富國銀行、聯邦住宅貸款抵押公司、迪士尼、麥當勞、華盛頓郵報，在他一九九六年的投資組合中，這八檔股票占了其二二七億總市值的百分之八十七。

巴菲特為何對這八檔股票情有獨鍾呢？仔細觀察我們不難發現，這八家公司幾乎都是家喻戶曉的全球著名企業。其中，「可口可樂」是全球最大的飲料公司，我們可以在全世界的每一個角落、每一個運動場的小攤上、加油站的小櫃檯上、電影院、超級市場、飯店旅館、酒吧賓館等等各式各樣、大大小小的櫃檯上發現可口可樂的影子，「可口可樂」的品牌早已深入人心，只要人們想要來一杯碳酸飲料，多數人會很自然的選擇可口可樂。而「吉列」可謂是刮鬍刀界的「可口可樂」，儘管全世界生產刮鬍刀的企業數以萬計，但是幾乎所有長鬍鬚的男人以及他們身邊的女人都知道吉列刮鬍刀，全世界將近百分之六十以上的男人都會選擇這個品牌，其方便、舒適、耐用的特性使其成為男人的鍾愛之物。

我們從巴菲特的成功投資實例中可以看出他的投資理念，那就是崇尚簡單、拒斥複雜。巴菲特最為看重的公司或企業都是與大眾日常生活緊密聯繫在一起的，這些公司的產品極為平易近人，毫無神祕和複雜可言。而對於一些新興的高科技股，巴菲特是堅決不做的。二十一世紀初，網路股高潮的時候，巴菲特卻沒有購買。當時很多人都認為巴菲特時代已經過去，他的投資理念已經不適合當時

那個年代了。但是現在回頭一看，網路泡沫埋葬的是一批瘋狂的投機家，而巴菲特以其穩健的投資風格，只投熟悉股票的原則，再次成為了最大的贏家。

股神巴菲特都堅持做自己熟悉的股票，「九年級」的我們又有什麼理由拒絕這一投資經驗呢？

讀者互動

問：我是炒股新手，應該怎樣選擇優良股票呢？

答：新手往往經驗不足，炒股應以安全為重。選擇優良股票時應注意所選股票是否具有以下特徵，發行公司經驗狀況良好，利潤增加，前景光明；該種股票交易活躍，交易量增加，價格呈上升趨勢；該股股息豐厚，股息率高，而且發行公司每年都能按期給股東配息。如果一檔股票具有以上特點，就可以嘗試投資了。

一定要設定停損點

停損是很多投資者最不願意涉及到的話題。但是由於市場的波動性和不可預測性，股市存在風險是不可改變的事實。股市中無數血淚的事實表明，一次意外的投資錯誤足以致命。而停損不僅可以幫助投資者在投資失誤時把損失限定在較小的範圍內，同時還能最大限度的獲取成功的報酬，換句話說，停損使得以較小代價博取較大利益成為可能。

著名投資大師索羅斯說過，投資本身沒有風險，失控的投資才有風險。歷數歷史上那些在股海中呼風喚雨的成功者們，縱然他們的投資風格各不相同，但是停損卻是保障他們獲取成功的共同特徵。學會停損，遠比眼前的盈利重要。

但是，儘管很多投資者都明白了停損的重要性，也都設置了停損點，但是市場上被掃地出門的悲劇幾乎每天都在上演。投資者為何不能及時做到停損呢？這其中有很多盲點，以下幾個比較常見。

盲點一：不管跌到哪裡，只要不割肉就是沒有賠錢

這是投資者們最常走進的盲點，投資者主要還是靠股票買賣的差價來賺錢。如果投資中遇到股票下跌，投資者帳面上的損失就出現了，要想沒有損失，只能期待今後股票的價格能夠重新漲回來。大牛市的時候也許還有漲回來的可能性，但是如果大市整體不好，往往股價就是一跌再跌，很難再上漲回來了。

盲點二：僅僅跌破停損價幾分錢，馬上會漲回來的

這是投資者的僥倖心理在作祟。這些投資者往往知道股票跌到了應該停損的價格，但是總抱有一絲幻想，認為目前只跌破停損價一點點，不一會就能重新漲回來。但是，股票「不怕錯，就怕拖」，隨著時間的流逝，經過幾分鐘、幾小時、幾天、幾個月的等待，慢慢的股票價格會越跌越多，最後等到投資者覺悟時已經不是跌了幾分錢的問題，而是一發不可收拾的問題了。

盲點三：機構投資者還沒有出來，我還有機會

有些投資者遇到股票價格下跌時，特別是在成交量沒有放大

的時候，就盲目的認為機構投資者沒有「逃出來」，自己也就不用怕了，寄希望將來裡面的機構還能再讓股價漲起來。事實上，機構投資者相對於普通投資者來說，具有資金優勢和資訊優勢，機構投資者可以利用這種優勢基本上左右股價，比如可以在價格下跌初期賣出手中一部分股票，到了相對低位再買回來，之後把股價推高再賣一部分，如此多次低吸高拋操作，從而有效的降低自己的持股成本。而普通投資者投資份額較小，歷經股價上上下下多次波動，自己卻沒有絲毫獲利。

正是由於以上這些錯誤的觀念，使得投資者在股價到達停損位時錯失方寸，患得患失，將停損點一改再改，損失越來越多。為了避免這些現象，投資者應注意以下問題。

其一，「凡事預則立，不預則廢」，投資股票同樣如此。必須養成一種進場之前設定好停損點的好習慣，即在開倉的時候就設置好停損，而在虧損出現時再考慮使用什麼標準常為時已晚。

其二，將停損與趨勢相結合。這裡所說的趨勢有三種：上漲、下跌和盤整。當股票處於盤整階段，價格在某一範圍內停損的錯誤性的機率要大，因此，停損要與趨勢相結合。

其三，選擇適合自己的交易工具來把握停損點位。所謂交易工具，可以是均線、趨勢線、形態及其他工具。運用交易工具的能力將直接導致完全相反的交易結果，因此，一定要選擇適合自己的交易工具，不要因為別人用得好就盲目拿來用。

正所謂「會買的是徒弟，會賣的才是師傅」，知道要設置停損點固然重要，但是學會如何設置更為重要。停損說來簡單，但真正做起來卻並非易事。停損通常有以下幾種方法：

定額停損法

這是最簡單的停損方法，它是指將虧損額設置為一個固定的比例，一旦虧損大於該比例就及時平倉。定額停損法一般適用於兩類投資者：一是剛入市的投資者；二是風險較大市場中的投資者。

技術停損法

這是較為複雜的停損方法，它是將停損設置與技術分析相結合，剔除市場的隨機波動之後，在關鍵的技術位設定停損單，從而避免虧損的進一步擴大。相比定額停損法，技術停損法對投資者的要求更高，它要求投資者有較強的技術分析能力和自制力。

無條件停損法

這是一種強制性的停損方法。一般來說，基本面的變化是很難扭轉的，因此，當市場的基本面發生了根本性轉折時，投資者應摒棄任何幻想，不計成本、砍倉出局，以求保存實力，擇機再戰。

綜上所述，設定停損點在股票投資過程中是非常重要的，投資新手在投資股票時，務必要做的就是對市場的總體位置、趨勢做一個整體的把握，並學會順勢而為，用好停損位，賺取更多的利潤。

讀者互動

問：在具體操作過程中，我該怎樣設定定額停損的比例呢？

答：通常來說，定額停損的比例由兩個資料構成：一是投資者

能夠承受的最大虧損；二是交易品種的隨機波動，定額停損比例的設定是在這兩個資料裡尋找一個平衡點。例如：以買入價的百分之九十作為停損點，遇到股票上漲的情況時，可以依次將停損點向上移。例如：你以 50 元買入某股，股票價格開始下跌，跌到 45 元時就必須賣出；如果買入後股票價格開始上漲到 60 元，那麼可將停損點設為 54 元。

辯證看待長期投資

股神巴菲特說：「選股的原則就是良好的商業模式，優秀的管理人員，合理的公司估值，加上長期持有股票。」

經濟學大師凱恩斯說：「長期持有我們都死了！」

股票投資到底是長線還是短線，是投資人永遠爭論不休的話題。一方面，巴菲特的投資績效證明了長期投資可以為投資者帶來巨大的收益；另一方面，二〇〇八年的金融風暴給了許多長線投資者一個當頭棒喝。那麼，我們「九年級」在投資時到底該堅持哪種觀點呢？

其實，我們可以辯證的看待長期投資。

所謂長期投資，是相對於短期投資而言的。在金融投資行業中，通常將三年以下的投資定義為短期投資；將三到十年的投資定義為中期投資；將十年以上的投資定義為長期投資。從上證指數一九九一年至二〇〇九年的歷史資料看，二〇〇九年的大盤點位明顯高於十年前。從美國股市歷年的資料統計中也不難發現，只要投資者的投資時間超過十年，那麼無論投資者在熊市或牛市入市，也無論投資者在哪個年分入場，其投資收益都會為正。

但是這並不意味著長期投資就一定能盈利。通常來說，只要時間足夠長，股票指數總是會創出新高的，並不是說這檔股票有多好，因為有時僅僅是通貨膨脹的作用就可以輕易做到這一點。所以說，長期投資不能盲目，還需考慮一個國家或者地區的經濟基本面的變化，正所謂「傾巢之下，豈有完卵」，如果一家公司所處國家或地區經濟基本面出現不利局面，不僅沒有絕對收益，甚至可能回吐掉先前的投資收益。

有些投資者在購買股票時，不分青紅皂白的買入持有，覺得只要股票還在自己手上，股價遲早都會回來或者賺錢，結果「買股票買成股東」。投資股票時，如果將「長期投資」等同於「死抱」，那麼即便是長期投資也會虧損。因為我們選擇長期投資的目的是希望長期內企業能夠不斷成長，並分享到財富成長的成果。但是企業在成長過程中，由於各種總體環境約束的不斷變化，不可避免的會犯一些策略錯誤，一直維持高速成長的企業是極少見的。即使在美國，道瓊工業指數自西元一八九六年設立以來，至今只有 GE 是唯一沒有變更的成分公司。市場變化無常，今天的績優股很有可能就變成明天的垃圾股。

因此，我們在長期投資股票時，要學會變通，以為購得一檔股票就可以一勞永逸的一直持有下去的投資方式是無論何時都行不

通的。在持股期間，要根據國家經濟形勢以及企業發展狀況及時調整投資策略。例如：可以當所投資的股票價值發生明顯的虛高時，暫時賣出股票；而當股票價格又回歸到其應有的價值時，又再次買入。在持有期間賣出股票並不違背長期投資的原則，此時的賣出是為了下一次更好的買進。但要注意的是不要經常進行這種操作，一年也許只有一兩次，或許一兩年才有一次。進行買賣的操作，要在股市處於中期調整或是牛熊市轉換時。

以某股為例，如果你在一九九八年一月以市價二十一元購入，長期持有至二〇〇五年三月，當時的股價已經跌到三元以下，你將至少虧損百分之八十。如果再抱得緊一些，持有至二〇〇七年八月，情況也好不到哪裡去，當時的股價為十元左右，你仍將虧損百分之五十以上。如果你足夠幸運，在一九九四年三月以三元的發行價購得股票，那麼即使一直持有十年至二〇〇四年三月，結果仍然是虧損。但是，如果你在一九九四年以發行價買入後，將其持有四年至一九九八年，則至少可以獲得五倍以上的收益。

說起來容易做起來難，長期投資的道理看起來非常簡單，但是巴菲特只有一個，我們普通投資者很難像股神那樣深刻了解長期投資的真諦，在股海中呼風喚雨。對於一般的投資者而言，樹立正確的長期投資理念只是第一步，接下來還有很多事情需要我們知曉並去做。

首先，要隨時觀察購入股票是否值得長期投資。

即使你對自己的投資很有自信，也不要忘記隨時追蹤自己投資的公司動態，觀察其是否發生了一些根本性變化。如果你對自己的選股能力不是很自信，不妨選擇一家值得信任的投資公司，當然這並不意味著你就可以就此高枕無憂了，你還是需要定期觀察這家投資公司是否值得長期信任。

其次，降低長期投資的收益預期，合理看待長期投資的平均收益。

巴菲特在二〇〇八年時曾告誡投資者：「整個二十世紀道瓊指數從 66 點漲到 11,497 點。這個成長看上去很大，但換算成每年的複合成長，不過百分之五點三。在本世紀裡，想從股票中賺到百分之十年收益的人，他們的如意算盤是百分之二的年收益來自分紅，百分之八來自股價上漲。但這無異於他們是在預計：二一〇〇年道瓊指數會在 2400 萬點的水準！而這是件多麼瘋狂而不可相信的事情。」事實也確實如此，香港曾在一九六四年到一九九七年的黃金期間，股指從 100 點最高達到接近 17000 點，但其年均複合成長也僅接近百分之十七而已。因此，投資者一定要適當降低長期投資的預期收益，合理看待長期投資的平均收益。

再次，合理規劃投資期限。

雖說從理論上講，只要企業長遠發展趨勢是好的，長期投資就一定是可以獲利的。但是這個長期可能是十年，也可能是二十年，甚至更長。未來充滿不確定性，而我們的投資卻有相對固定的

投資期限。如果急於用某些錢，那麼這些錢絕對不適合長期投資。因此，我們應當合理規劃投資期限，盡量避免把所有的錢都用於長期投資。

綜上所述，長期投資不是絕對的，我們應辯證的看待它。

讀者互動

問：像一些知名企業的股票我可以長期持有嗎？

答：這是投資者對於長期投資的常見盲點。長期投資某檔股票的前提是持有那些長期價值低估而且具有競爭優勢的好公司；如果股價已經充分反映而且透支合理價值，就不值得長期投資了，在這個時候，投資者應該做的是賣出而不是繼續持有，更不應該買入。即使是知名企業，也要在很好的位置去購買。

投資股票要順勢而為

戰國時期有個楚國人，一次乘船過江，不小心把身上掛著的一把寶劍掉進了江裡，他不慌不忙的從口袋裡取出了一把小刀，伏下身子，在船板上刻下了一個記號。嘴裡還不停的惦記：「這是寶劍掉下去的地方。」等到船靠了岸，人們紛紛下船。這個楚國人對著船幫刻的記號處，跳下水去。不一會他鑽出水面上來，對著船幫的記號看了看，自言自語的說：「我的劍就是從這裡掉下去的，怎麼找不到了呢？」船夫告訴他說：「寶劍掉進江裡以後，船還是在行走的，而寶劍沉在水底下不會跟著走的，現在船已經到岸，在按照船板上刻的記號去找它，怎麼能找到呢？」

這就是大家熟知的「刻舟求劍」的故事。相信現代人不會做出這類笨拙的事情來，但是不懂得以變應變、順勢而為的人在當今的股市裡卻是大有人在的。投資股票，看清形勢、認清趨勢是非常重要的，正所謂「新手看價，老手看量，高手看勢」，要想成功，關鍵就在於順勢而為。而在股市中順勢而為，就是要求我們在不同的階段採取不同的操作手段，而不是一成不變的，在什麼時候都採取一樣的操作方法。

那麼，我們該怎樣判斷趨勢呢？判斷股市的趨勢主要分為以下兩種情況。

股票正處於上升趨勢中

當一檔股票正處於上升趨勢中，那麼投資者最為關心的就是這種上升趨勢會不會被中斷。通常來說，判斷一檔股票上升的趨勢是否會中斷，可以從如下四個方面來綜合判斷。

其一，看大盤走勢

如果說整個大盤的走勢持續不佳，那麼個股很難獨善其身，即使某檔股票有很好的走勢，也有可能說變就變。

其二，看是否有利空消息

所謂利空消息，就是指對股價有負面影響的消息。一般來說，底部的利空消息是莊家打壓吸貨的良機；但對延續了一段漲勢後的利空消息，就要特別警惕了。

其三，看個股的走勢是否異常

如果個股出現近階段從來沒有出現過的現象，如上升趨勢變緩、高位震盪加劇等，那麼這檔股票的走勢極有可能改變。

其四，看個股的漲幅是不是巨大

炒股時一定要避免被勝利衝昏頭腦，正所謂「物極必反」，越是完美的走勢就越是意味著趨勢即將改變。因此，遇到一檔股票漲幅已經巨大了，或者一檔前期漲幅已經很好的個股，在遇大盤調整時，依然強勢不改的情況，就要提高警覺了。

如果以上情況都沒有出現，那麼可以判斷這檔股票的上漲趨勢暫時不會改變，將延續漲勢。

股票處於下跌趨勢中

股市在遇到大幅下跌時，有可能會有幾次微弱的反彈。那麼，怎樣判斷一檔股票的反彈能否演變成一種反轉趨勢呢？這種情況同樣需要從如下四個方面來綜合判斷。

其一，看大盤轉勢

如果大盤已經出現明顯轉勢，那麼在這種大環境中，個股發生轉勢將有百分之八十以上的可能性。

其二，看個股變化前的走勢

比如說，個股已經橫盤一段時間，築底明顯，成交量溫和放大，已經拉出幾根顯著的陽線，那麼這種反彈變成反轉的可能性較大。

其三，看個股的跌幅和時間

假如一檔股票跌幅已經很深，達到百分之四十至六十，或者其下跌的時間很久，這種情況下如果出現了比較像樣的反彈，反彈成為反轉的可能性就較大。

其四，看是否有利好消息公布

如果近期有利於市價上漲的消息放出，則轉勢的可能性很大。

學會判斷股票的趨勢後，還要學會如何運用這種趨勢。運用趨勢，應該分「主要趨勢與次要趨勢」和「大趨勢與小趨勢」兩種情況。

其中，從主要趨勢與次要趨勢來看，大盤趨勢始終是主要的，而個股趨勢是次要的。因為個股的趨勢在基本上是由大盤趨勢決定的。如果大盤趨勢已定，不出意外的話，百分之九十以上的個股運行趨勢都將與大盤一致。而從以往的股市走勢來看，大盤趨勢的基礎是資金面。當有資金大量流入，大盤就會漲；反之，當資金大量流出，大盤就會跌。因此，我們在判斷大盤主要趨勢時，一定要查閱一些近期管理層的言論，特別是要看哪些政策會對資金產生確定性的影響。如果沒有特別有益的政策，那麼就可關注股市有沒有持續的板塊連動的現象，持續的板塊連動上漲會改變大盤運行趨勢。當大盤趨勢良好時，我們就可以放心大膽的挑選個股，擇機介入。

從大趨勢和小趨勢來看，一段大的上升趨勢一定會伴隨著幾個小回擋，一段下跌趨勢也一定會有幾個小反彈。在股市中賺錢的關鍵就在於順應趨勢買賣，其中有一個技巧就是「順大勢逆小勢」。

當股市處於「大勢」，即股票已經走出明顯的上升趨勢，或者已經擺脫了前段時間盤跌的趨勢，有很大機率轉勢的傾向時，就要大膽多買，因為擺脫底部的突破是最安全的買入點。但此時一定要注意分倉，因為沒我們普通人不可能把握那麼準，等「小勢」，即回檔時，再逢低吸納，這就是「順大勢逆小勢」，作為九年級，更要懂得這個道理。

讀者互動

問：順勢而為是不是就是「追漲殺跌」呢？

答：可以這麼理解。在實際的炒股過程中，「追漲殺跌」是一種投機操作的代名詞。「追漲殺跌」雖然風險較大，帶有一定的投機色彩，但與「追跌殺漲」相比，顯得積極主動一些，而且對於個股的把握程度也要高一些。因此投資者在具體的個股操作中不應刻意迴避「追漲殺跌」這種策略，而應當用理性的眼光來看待。雖然「追漲殺跌」是一種可取的操作手法，但在操作中也必須遵循判明大勢，順勢而為的原則和遵守一定的操作策略，否則一不小心很容易就導致損失。

投資股票如何防範風險

熱帶雨林裡有一種叫豬籠草的植物，身上長著小圓籠子，籠子裡還不時的散發出甜味。籠子上面有個小小的蓋子。

一隻正在覓食的蜘蛛，嗅到一股甜味，便情不自禁的鑽進了籠子裡。誰知道剛進去，籠子上的小蓋子就蓋了起來。

「你……你要做什麼？」蜘蛛不解的嚷道。

「哈哈，做什麼？我要把你吃了！」豬籠草惡狠狠的說。

「別開玩笑了，你是植物，怎麼可能把我吃掉呢？」蜘蛛有點不相信的說。

「開玩笑？我可沒這閒功夫。」豬籠草得意的說，「你大概還不知道，我雖然是植物，但我是食肉植物。」

無法逃脫的蜘蛛悲哀的說：「唉，我太大意了，想不到會有這種事。有的地方看起來安全，實際上十分危險。」

豬籠草沒理會蜘蛛說什麼，很快從籠子裡分泌出許多消化液，把蜘蛛慢慢的消化掉了。

這只是一個虛構的故事，但是其中深刻的寓意不得不引發我們深思，連植物豬籠草都能布下陷阱將大意的蜘蛛吃掉，可見風險無處不在。我們在股市裡更是如此，要想獲得更高的報酬，就不得不面對更大的風險。但是無論何時，投資安全都是最重要的。正所謂「小心使得萬年船」，股市裡充滿了暗礁與陷阱，血氣方剛的「九年級」的年輕投資者切忌不可感情用事，要時刻警惕股票投資中的各種風險。

所謂股票的風險，即買入股票後在預定的時間內不能以不低於買入價將股票賣出，以致發生套牢，且套牢後的股價收益率達不到同期銀行的儲蓄利率。股票的風險主要分為系統性風險和非系統性風險，其下又可以細分為很多種，其相對的防範措施有很大不同，

目前投資股票需要防範的風險如下圖所示。

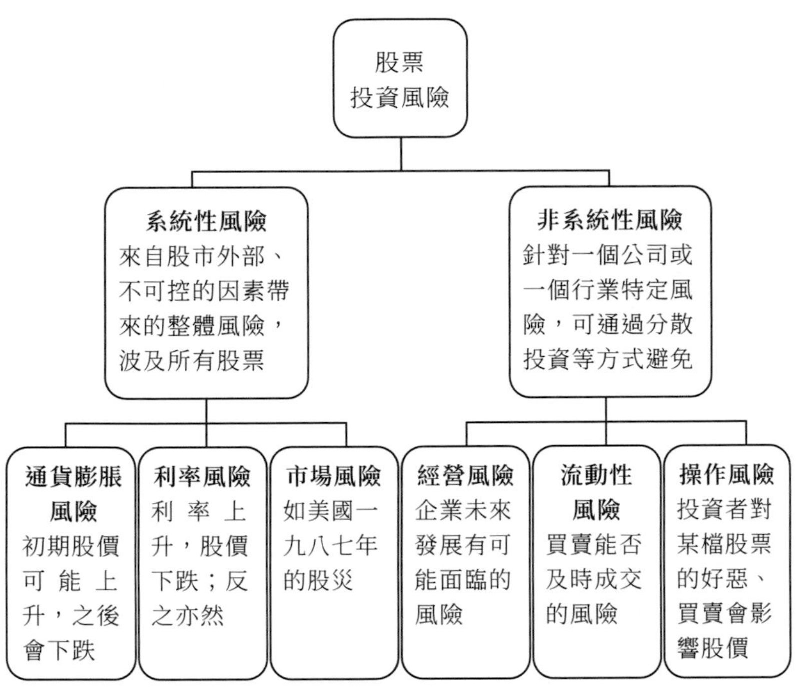

具體來說，股票市場可能面臨的系統風險包括通貨膨脹風險、利率風險和市場風險。

1. 通貨膨脹風險

各國都面臨通貨膨脹的風險，在這個時期內投資股票，一定要留意市場上價格上漲幅度高的商品，從生產該類商品的企業中挑選出獲利水準和獲利能力高的企業。

如果通貨膨脹率過高時，應把保值作為首要因素，購買一些黃金開採公司、金銀器製造公司等生產保值產品的公司的股票，可避開通貨膨脹帶來的購買力風險。

2. 利率風險

利率作為一種經濟槓桿，對總體和個體經濟運行都有著極其重要的調節作用，它的變動會直接給股市帶來巨大影響。利率的提高和降低不僅會影響股市資金的供應量，而且也改變了股票價格高低的衡量標準。通常在利率不斷走低的前提下，股市會逐漸走高；利率呈上調趨勢時，股市往往會呈下降走勢。這是因為當利率升高時，會給借款較多的企業或公司造成較大困難，從而殃及股票價格；而對那些借款較少、自有資金較多的企業或公司影響不大。

因此，「九年級」們在投資股票時要盡量了解企業營運資金中自有成分的比例，當利率趨高時，最好少買或不買借款較多企業的股票；當利率波動變化難以捉摸時，應優先購買那些自有資金較多企業的股票，這樣就可基本避免利率風險。

3. 市場風險

任何一個投資市場都會有其固有風險，股票市場也不例外。股票的市場風險主要是指由於某種因素的影響和變化，導致股市上所有股票價格的下跌，從而給股票持有人帶來損失的可能性，股市的運作機制、市場的波動、賣出股票的隨意程度等都基本上展現了這一風險。市場風險的主要特徵有：一是由共同因素（經濟方面和社會方面）引起的；二是對市場上所有的股票持有者都有影響，只不過不同的股票受影響的大小程度不同罷了；三是無法透過分散投資

股票來加以消除。

由於市場風險是我們普通投資者不能控制的，因此很難找到一個合適的辦法來防範它，最好的辦法就是一旦意識到系統風險來臨，就馬上賣出股票減倉，實施停損計畫。

股票市場可能面臨的非系統風險主要包括經營風險、流動性風險和操作風險。

1. 經營風險

任何一家公司的發展都具有不確定性，如果它的外部經營環境和條件以及內部經營管理方面存在問題，都有可能造成公司收入的變動，從而引起股票投資者收益的不確定。目前，上市公司的經營風險主要表現在以下幾個方面：行業風險、競爭風險、管理風險、收益波動風險等。無論以上哪個方面遇到風險導致公司的股價發生變動，普通股持有者都會遭受重大損失。

因此，「九年級」炒股者在購買股票前，一定要認真分析有關投資對象，即某上市公司的財務報告，研究它現在的經營情況、在競爭中的地位、以往的盈利等情況和發展趨勢。盡量去選擇那些能保持收益持續成長、發展計畫切實可行的企業，從而減少企業經驗風險的發生率。

2. 流動性風險

所謂流動性風險，指的是由於將資產變成現金方面的潛在困難而造成的投資者收益的不確定。一般來說，一種股票在不作出大的價格讓步的情況下賣出的困難越大，則擁有該種股票的流動性風險程度越大。市場上流通的股票成千上萬，它們的流動性風險差異很大，有的極易脫手，像美國的通用汽車公司、埃克森石油公司股票，每天成交量極高，這類股票投資者可輕而易舉的賣出，在價格上不引起任何波動。還有一些股票沒有什麼市場，投資者打算將其變現時，除非忍痛賤賣，否則很難脫手，投資這類股票就很容易遭遇流動性風險。

3. 操作風險

投資者投資股市，純屬個人行為決定，這就是在同一個證券市場上，對待同一家公司的股票，不同投資者投資的結果截然不同的原因。個人操作風險主要表現為過度集中風險、過度投資風險、資訊不足風險、投資技巧風險等。正是由於以上因素，使得有些投資者的投資行為盈利豐厚，而有些則虧損累累。

要想防範個人操作風險，需要投資新手擺正自己的投資理念，增強投資風險意識，學習和掌握投資策略、操作技巧，儘早知悉股市資訊等手段降低個人行為風險。

正所謂「股市有風險、入市須慎重」，「九年級」要想防範股市中可能出現的各種風險，一定要將以下五條金科玉律銘記於心。

1. 掌握必要的股票專業知識

股票市場本身是一門非常廣泛而深奧的學問，「九年級」的普通投資者很難將其研究透徹。炒股不是投機，從某些方面來看，炒股更像是在經營自己的生意，經謀生意肯定要花費一些心思和精力。因此，要想成為一個穩健而成功的投資人，就必須花時間和精

力去研究最基本的股票知識、操作技巧等。如果連一些基本的投資知識都沒有就想賺大錢，那無非是天方夜譚，不太現實。

2. 把握好投資時機

股市中有句格言：選擇買賣時機比選擇股票種類更重要。的確，股市與政治環境、經濟環境都是息息相關的，政治安定、社會進步、外交順暢、人心踏實、股市繁榮、股價上漲；反之，人心慌亂、股市蕭條、股價下跌。經濟環境亦復如此，經濟衰退、股市萎縮、股價下跌；反之，經濟復甦、股市繁榮、股價上漲。「九年級」在投資股票前一定要認清投資大環境，避免糊里糊塗盲目買賣，逆勢買賣必將導致投資的失敗。

3. 選擇適合自己的投資方式

適合自己的才是最好的。對於「九年級」來說，如果你的時間較為空閒，有豐富的經驗，且反應靈活，可以採用短線交易的方式；如果你平時工作繁忙，沒有太多時間泡在股票市場，而又有相當積蓄及投資經驗，適合採用中期投資方式；如果你不以賺取差價為主要目的，而是想靠公司的紅利盈利，那麼採用長期投資方式更加合適。

4. 制訂資金運作計畫

很多投資者都會將注意力集中在市場價格的漲跌之上，願意花很多時間去打探各種利多利空消息，研究技術指標作技術分析，希望借此做出最佳的價格預測，很少有投資者會花時間制定自身資金的運作計畫。事實上，制定資金運作計畫，合理調度和運作資金可以幫助我們降低投資風險。因為只有將資金運作妥當了，才能在各種情況發生時，都有充裕的空間來調度，從而規避和釋放風險。

5. 學會停損

歷史上的成功投資者往往都是些善用停損的高手，在他們看來學會正確的停損有時比學會選股更重要。二〇〇七年十月以來的股市下跌事實證明，一些善於停損的投資者的損失是微乎其微的，而不善於停損的投資者，損失程度高達百分之七十。因此，作為一個合格的投資者，一定要具有如醫生般的判斷及勇敢，嚴格停損，儘早修正自己的錯誤。

對於股票投資者來說，在投資中不犯錯基本上是不可能的，但是吃一塹要長一智，股民在套牢的過程中要善於總結失敗的教訓，特別是要增強自己的風險意識，學會防範風險。

讀者互動

問：停損的設定標準是一致的嗎？

答：不同類型的股票停損標準時不同的，短線停損一定要嚴格，中線次之，長線可以寬鬆些。而且，可將績優股的停損標準設定的高一些，而非績優股的停損標準可以低一些。此外，停損標準高低的一般原則是隨著股票品質的下降而降低啟動風險機制的標準，直至百分之八。

第 6 章　投資債券篇

—— 適合年輕族群的低風險資產分配

債券與其他投資方式的異同

隨著經濟的發展，人們可投資的管道越來越多，儲蓄、基金、股票、債券各有各的優勢。在這些投資方式中，到底哪一種是最適合自己的呢？就像在商場中購物需要貨比三家一樣，選擇投資方式同樣需要多方對比。

債券與儲蓄

從定義上看，債券投資是投資者將資金的使用權暫時讓渡給債券發行人的信用行為，債券發行人即債務人是政府、金融機構或企業。而儲蓄是居民將貨幣的使用權暫時讓渡給銀行或其他金融機構的信用行為，資金的讓渡者是債權人，債務人是銀行或其他金融機構。

我們可以看出，債券與儲蓄展現的都是一種債權債務的關係；債券和儲蓄存款（活期存款除外）都有規定的期限，到期後都要歸還本金；債券和儲蓄存款都可事先確定適用利率或計算方法，到期後都能夠獲得預期利息收益。

債券與儲蓄的區別主要表現在：

1. 安全性不同

由於債務人的不同，使得債券投資與儲蓄存款在安全性方面存在差異。其中，債券投資的債務人是政府、金融機構和企業，而儲蓄存款債務人是銀行和其他金融機構。相較而言，儲蓄存款的安全性高於債券投資。此外，銀行的信用程度很高，由國家嚴格監管，

且自身具備風險防範預警機制，銀行倒閉的可能性極小，所以，銀行存款是最為安全、可靠的資金增值方式。

債券的種類很多，不同類型的債券其安全性也有所不同，這是與其發行主體密切相關的。一般來說，政府債券因為它的發行人是政府，以財政作擔保，所以安全性最高；金融債券的發行基礎是銀行信用，所以它的安全性與儲蓄存款基本相同；而企業債券的安全性相對差些，因為它的發行者為各類企業，社會上企業眾多，不同企業的資金實力、經營狀況也參差不齊，其安全性相對較差，投資者要承擔因企業虧損、破產而不能及時或按規定條件還本付息的風險。當然，對企業債券的發行有嚴格的控制，一般是規模較大和資信級別較高的公司或企業，經過有關部門審查批准後才准予發行，這就相對降低了投資風險。

2. 期限不同

我們在前面說過，債券和儲蓄存款都有規定的期限，但是它們存期的長短有所不同。一般來說，儲蓄存款的期限通常較短，定期存款期限最長為八年；而債券雖然也有一年以內的短期投資，但是多數的期限都較長，個別的還長達幾十年。

3. 流動性不同

所謂流動性，是指投資工具在短期內不受損失的變為現金的能力。債券具有較強的流動性，如果投資者急需現金，可以根據所需金額將手中持有的債券在市場上進行轉讓，轉讓價格為市場價格；而儲蓄中的活期存款流動性比較強，可以隨時到銀行轉化為現金，但定期存款的流動性就比較差，儲戶如果因為急需用錢而將未到期的定期存款提前領取出來，則無論多少，只能將全部存款一次性領取，並按照活期存款利率計息。由此可見，債券的流動性略勝儲蓄一籌。當然，債券的流動性依賴一個比較完善、成熟和發達的債券市場，也與債券本身的品質相關，其中，國債具有非常強的流動性，金融債券和上市公司債券流動性也較強。

4. 收益性不同

儲蓄存款的收益比較單一，只是利息收入。目前的利率是由銀行規定的，存期越長，利率越高。存款時每筆存款的利率就已確定，因此可以準確的算出自己可以得到的利息收入。存期內如遇利率調整，除活期存款外，其他存款利率一律按照存入日計算。

而債券的收益就相對複雜一些，它包括三個部分：債券投資的利息收入；買賣債券時由於價格的變化而帶來的資本收益；若考慮複利，還有利息的再投資收入。

通常來說，債券的實際利率高於同期限的定期存款利率。這是由於債券融資和銀行存款在資金循環中的位置不同，債券融資是資金的最終使用者向最初的資金供應者融資，中間不需要任何環節，從而節省了融資成本；而銀行存款屬於間接融資，將資金存入銀行後，必須由銀行統一發放貸款，資金才能到達最終使用者手中。債券融資的資金最終使用產生的利潤由使用者和資金提供者兩家分割，而在間接融資的情況下，資金最終使用產生的利潤由資金使用者、銀行和資金最初提供者三家分割，銀行的存貸款有利差。此

外，從市場配置資源的一般要求來說，投資的風險越大，要求的報酬率越高。債券的投資風險高於銀行儲蓄，因此其投資報酬率即利率也要高於銀行存款。

債券與股票

股票是股份公司發給投資者作為投資入股的所有權憑證，購買股票者就成為公司股東，股東憑此可取得相對的權益，並承擔公司相對的責任與風險。與債券相同，二者同為有價證券，是一種虛擬資本，是經濟運行中實際運用的真實資本的證書，都達到募集社會資金，將閒散資金轉化為生產和建設資金的作用。此外，二者都可以在市場上流通，投資者透過投資股票和債券都可獲得相對的收益。

債券與股票的區別主要表現在：

1. 發行主體不同

債券的發行主體可以是政府、金融機構或企業，而股票的發行主體只能是股份有限公司。

2. 籌資的性質不同

債券是一種債權與債務的關係證書，反映了發行者與投資者之間的資金借貸關係，投資者是債權人，發行債券所籌集的資金列入發行者的負債；而股票是一種所有權證書，反映股票持有人與其所投資的企業之間的所有權關係，投資者是公司的股東，發行股票所籌集的資金列入公司的資產。

正是由於資本的籌集性質不同，使得投資者享有不同的權利。

債券投資者無權參與發行公司的經營管理活動，只能到期要求發行者還本付息；而股票持有人作為公司的股東，則有權參加公司的股東大會，參與公司的經營管理活動和利潤分配，但不能從公司資本中收回本金，不能退股。

3. 存續時限不同

投資債券是有時間性的，從債券的要素看，它是事先確定期限的有價證券，到一定期限後就要償還。而股票是沒有投資期限的，企業也沒有償還一說，投資者只能轉讓不能退股，只要發行股票的公司不破產清算，那麼股票就永遠不會到期償還。

4. 收益來源不同

前面提到過，債券的收益比較複雜，投資者不僅可以從發行者手中得到利息收入，在進行債券買賣時，還可能得到資本收益。債券在發行時就會定下在什麼時間以多高的利率支付利息或者償還本金，因此投資者在買入這些債券的同時，就可以準確的計算出自己所持的債券在到期後可以獲得的收益。

而股票與債券的收益來源有所不同。股票投資者作為公司股東，有參與公司利潤分配的權利，因此，股票投資者可以得到公司的股息和紅利。此外，在股票市場上買賣股票時，投資者還可能得到資本收益。對於很多投資者來說，買賣股票的價差收入才是他們最想追逐的利潤。而且，股票的價格和股息都在隨時變化中，這部分收益取決於股份公司的獲利情況，投資者所無法控制的。

5. 風險性不同

雖說債券與股票在發行時都有一系列的風險控制措施，但是作為兩種不同性質的有價證券，其投資風險差別是很明顯的。無論是國債、金融債券、還是公司債券，其投資風險都要比股票投資風險小得多。這是因為債券投資資金作為公司的債務，其本金和利息收入有保障；而股票投資的股息和紅利都屬於公司的利潤，這不僅取決於公司的經營狀況和盈利情況，還取決於公司的分配政策，具有不確定性。另外，債券由於其償還期限固定，最終收益固定，因此其市場價格也相對穩定；而股票價格受到總體經濟形勢、市場供求狀況、國際形勢等因素的影響，其波動要比債券劇烈得多。

債券與基金

債券與基金都屬於有價證券，都是證券市場中可供投資者選擇的投資工具，也都是一種籌措資金的手段。

債券與基金的區別主要表現在：

1. 權利關係不同

因為債券是債權憑證，債券持有者與發行債券的公司之間是債權債務關係；而基金持有者是基金的受益人，展現的是一種信託關係。

2. 價格取向不同

影響債券價格的主要因素是利率；而在政治、經濟環境不變的情況下，基金的價格主要決定於資產淨值。

3. 投資回收方式不同

債券投資具有一定期限，投資者到期可收回本金；而基金則要視所持有的基金形態區別對待，封閉型基金有一定的期限，開放型基金一般沒有期限，但投資者可隨時向基金管理人要求贖回。

4. 風險性不同

債券的收益相對固定，到期後可以保證本金的收益，風險性對較小；而基金的風險程度主要取決於該基金的風格，基金通常採取組合投資的方式分散風險。

5. 收益情況不同

由於債券投資之初就有固定的利率，因此到期後可獲得固定的利息；而基金的紅利需根據公司的經營情況而定，收益具有不確定性。

讀者互動

問：我是剛剛工作的「九年級」，看了上文的介紹，覺得債券、儲蓄、股票、基金這四種投資方式各有利弊，像我處於這樣一個年齡階段，該怎樣選擇呢？

答：無論哪種投資，其風險與收益都是成正比的。你剛工作，我建議你首先要儲蓄，因為不管做哪種投資本錢是必須要有的。考慮到你的實際情況，當你有了一些儲蓄後，可以先買一點一年期國債，收益相當穩定。一年以後可以買一些偏股行基金，但要注意選業績好的基金公司和注意基金淨值，總之，增加儲蓄，減少開支，投資債券是上策。

選擇債券做低風險資產分配

債券是指政府、金融機構、企業為募集資金所發行的一年期以上可轉讓債務的憑證，它是固定收益與套利的遊戲。債券的本質是債的證明書，具有法律效力。一般債券有幾個要素，如下表所示。

要素	具體說明
發行機構	國家、金融機構、企業等
面值	按照機構規定
期限	自債券上的發行日期為起，債券上寫明的本金償還日期為終
價格	包括發行價格和轉讓價格。發行價格是指發行時購買的價格，可以和面值不同；轉讓價格是二級市場的買賣價格，由面值、收益和供求關係等因素共同影響，處於不斷變化之中。
票面利率	票面上標注，票面利率 × 面值＝年利息
付息方式	有到期一次性支付、按年支付、半年支付、按季支付等幾種形式
投資收益率	收益率＝（債券價差＋利息收入）÷ 購買價格 × 百分之百 注：如果投資收益不等於投資利息收入，利息率就不等於收益率

債券最大的優勢在於它的安全性。債券在發行之初都承諾到期償還本息，通常有固定的利率，與企業績效沒有直接聯繫，收益比較穩定。因此，它具有不跌破發行價的能力。有的債券雖然流動性不高，但它的安全性很高，因為它們經過較長一段時間後就可以收

取現金或不受損失的出售。而且，就算是企業破產，債券持有者也可享有優先於股票持有者對企業剩餘資產的索取權。

也許相對於股票或者其他投資來說，債券的收益是微不足道的，而且就長期投資而言，股票也的確優於債券。但是，債券也有很多其他投資不具備的優點。

其一，債券具有較強的流動性

也就是說，債券具有能夠迅速和方便的變現為貨幣的能力。現在，幾乎所有的銀行部門或者證券營業部都開設有債券的買賣業務，而且收費較低。只要債券發行者的資信程度越高，債券的流動性就越強。

其二，債券能夠幫你累積資金

債券並不像股票的風險那麼大，因此，債券常常被稱為固定收入的投資。只要債券的發行機構能夠履行業務，你就可以在家安心的等待債券的收入。此外，債券的收益率通常比銀行利率更具有誘惑力，你完全可以透過債券為自己的財政目標積聚一定的資金。

其三，債券能讓你獲得可觀的資本收益

只要債券的發行機構能夠按時支付利息，購買債券一般就可以獲得固定的、高於同期銀行存款利率的利息收入。而且，從目前的社會形勢來看，政府會對經濟進行適時的總體調控，出現通貨膨脹的可能性並不大，隨著銀行利率不斷下跌的趨勢，債券的價格反而會呈現上升的趨勢，帶給投資者比較可觀的收入。

如果你還認為債券產品應該是老年人的選擇，不適宜「九年級」年輕人投資，不妨看看以下這個「九年級」年輕人投資債券的成功案例。

在當今這個時代，張斌是典型的富二代。不到三十歲的年紀，卻掌管著父親一手創辦的，現已擁有五百多名員工的實體企業。因為從小生活在商業世家，耳濡目染，張先生比同齡人更具商業頭腦。自從上大學起，張斌就學著炒股票、基金，也許是目光獨特，也許是運氣使然，幾年下來張斌賺了不少錢。二〇〇八年的時候，因為朋友的公司需要一筆資金周轉，張斌就賣出手上的股票、基金，清倉了！沒想到，這一賣竟意外躲過了股市大跌。去年年底，朋友還了錢，雖然說躲過了股市大劫，但是想想還是有些後怕，張斌暫時不考慮再次買入股票，經過多方對比，果斷選擇了風險低、安全性高的債券。張斌選擇的這家房地產公司的公司債年報酬率在百分之八以上，雖然收益可能不如股票，但是如今股市震盪嚴重，任何投資應以安全性為主，而債券的收益又比銀行存款等固定收益高不少，張斌已經很滿意了。

透過以上實例可以看出，只要投資得當，債券同樣適用於年輕人。應該說，債券是各種類型投資者的基本配置。在市場行情不明朗的情況下，可以將債券作為主要投資對象以確保投資收益。當市場行情一片大好時，也不要拋棄債券這種風險低、安全性強的投資方式，正所謂「不要將雞蛋放在同一個籃子裡」，配置多樣化的投資組合，在選擇高風險、高收益投資項目的同時，適當添加些債券投資，從而降低整個投資組合的風險程度。

讀者互動

問：投資債券受通貨膨脹的影響嗎？是不是在通貨膨脹高的情況下，債券投資也不是很安全？

答：不是的，債券在定價的時候使用的是預期的通膨，債券投資是否受到通膨的影響還要看通膨的類型是什麼。一般來說，如果通膨持續保持在一個高的水準，那麼對債券投資是沒有影響的；如果通膨是持續以一個不穩定的高速在走高時，債券的投資的風險就會增大；當通膨達到一個極限的時候，及所有的人都認為通膨不會再繼續下去的時候，那麼證券市場又會回暖。

債券有哪幾種，彼此間有什麼不同

債券的種類比較繁雜，按照不同的劃分標準，可以分為以下幾種。

一、按發行主體不同劃分

按照發行主體的不同，可將債券分為國債、地方政府債券、金融債券、企業債券。

國債是由國家發行的債券，是中央政府為籌集財政資金而發行的一種政府債券。由於國債的發行主體是國家，是以國家的稅收作為還本付息的保證，因此國債的風險小、流動性強，利率也比其他

債券低。

金融債券是由銀行等金融機構作為籌資主體為籌措資金而面向個人發行的一種有價證券，並承諾按約定利率定期支付利息並到期償還本金。金融債券在到期之前一般不能提前兌換，只能在市場上轉讓，從而保證了所籌集資金的穩定性。金融證券的資信通常高於其他非金融機構債券，違約風險相對較小，具有較高的安全性。因此，金融債券的利率通常低於一般的企業債券，但高於風險更小的國債和銀行儲蓄存款利率。

企業債券也稱為公司債券，是企業依照法定程序發行，約定在一定期限內還本付息的債券。由於企業主要以本身的經營利潤作為還本付息的保證，因此企業債券的風險與企業本身的經營狀況直接相關。如果企業經營不善，連續出現虧損，投資者就有可能面臨本息受損的風險。從這個角度看，企業債券是一種風險較大的債券。但是證券市場上的風險與收益是成正比的，高風險伴隨著高收益。企業債券由於具有較大風險、它們的利率通常也高於國債和地方政府債券。

二、按是否有財產擔保劃分

按照是否有財產擔保，可將債券分為抵押債券和信用債券。

抵押債券是指債券發行人在發行一筆債券時，透過法律上的適當手續將債券發行人的部分財產作為抵押，一旦債券發行人出現償債困難，則出賣這部分財產以清償債務。按抵押品的不同分為一般抵押債券、不動產抵押債券、動產抵押債券和證券信用抵押債券。

抵押債券可以分為封閉式和開放式兩種。其中，封閉式抵押債券的發行額會受到限制，即不能超過其抵押資產的價值；而開放式抵押債券的發行額不受限制。

信用債券是指沒有抵押品，完全靠公司良好的信譽而發行的債券。信用債券的持有人只對公司的非抵押資產具有追索權，企業的盈利能力是這些債券投資人的主要擔保。由於信用債券沒有財產擔保，所以在債券契約中都會加入一些保護性條款，例如不能將資產抵押其他債權人、不能兼併其他企業、未經債權人同意不能出售資產、不能發行其他長期債券等。

三、按是否能轉換為公司股票劃分

按照是否能轉換為公司股票，可將債券分為可轉換債券和不可轉換債券。

可轉換債券是指在特定時期內可以按某一固定的比例轉換成普通股的債券，它具有債務與權益雙重屬性，屬於一種混合性籌資方式。由於可轉換債券賦予債券持有人將來成為公司股東的權利，因此其利率通常低於不可轉換債券。若將來轉換成功，在轉換前發行企業達到了低成本籌資的目的，轉換後又可節省股票的發行成本。不可轉換債券是指不能轉換為普通股的債券，又稱為普通債券。由於其沒有賦予債券持有人將來成為公司股東的權利，所以其利率一般高於可轉換債券。本部分所討論的債券的有關問題主要是針對普通債券的。

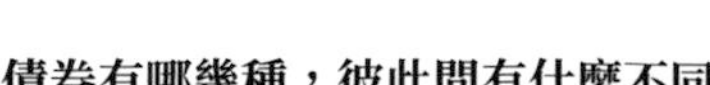

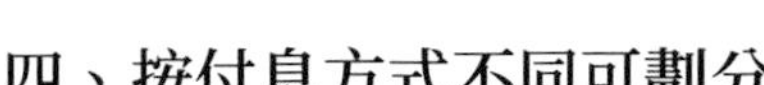

四、按付息方式不同可劃分

按照付息方式的不同，可將債券分為零息債券、定息債券和浮息債券。

零息債券也叫貼現債券，是指債券券面上不附有息票，在票面上不規定利率，發行時按規定的折扣率，以低於債券面值的價格發行，到期按面值支付本息的債券。從利息支付方式來看，貼現國債以低於面額的價格發行，可以看作是利息預付，因而又可稱為利息預付債券、貼水債券。是期限比較短的折現債券。

定息債券即固定利率債券，是將利率印在票面上並按其向債券持有人支付利息的債券。該利率不隨市場利率的變化而調整，因而固定利率債券可以較好的抵制通貨緊縮風險。

浮息債券即浮動利率債券，該債券的息票率隨市場利率的而調整。由於浮動利率債券的利率同當前市場利率掛鉤，而當前市場利率又考慮到了通貨膨脹率的影響，因此浮動利率債券可以較好的抵制通貨膨脹風險。其利率通常根據市場基準利率加上一定的利差來確定。浮動利率債券往往是中長期債券。

五、按是否能夠提前償還劃分

按照是否能夠提前償還，可將債券分為可贖回債券和不可贖回債券。

可贖回債券是指在債券到期前，發行人可以以事先約定的贖回價格收回的債券。公司發行可贖回債券主要是考慮到公司未來的投資機會和迴避利率風險等問題，以增加公司資本結構調整的靈活性。發行可贖回債券最關鍵的問題是贖回期限和贖回價格的制定。

不可贖回債券是指不能在債券到期前收回的債券。

六、按償還方式不同劃分

按照償還方式的不同，可將債券分為一次到期債券和分期到期債券。

一次到期債券是發行公司於債券到期日一次償還全部債券本金的債券。

分期到期債券是指在債券發行的當時就規定有不同到期日的債券，即分批償還本金的債券。分期到期債券可以減輕發行公司集中還本的財務負擔。

七、按償還期限長短劃分

按照償還期限的長短，可將債券分為長期債券、中期債券、短期債券。

長期債券指償還期限在十年以上的債券。

中期債券指償還期限在一年或一年以上、十年以下（包括十年）的債券。

短期債券指償還期限在一年以下的債券。

八、按募集方式劃分

按照募集方式的不同，可將債券分為公募債券和私募債券。

公募債券的發行人一般有較高的信譽，發行時要上市公

開發售。

私募債券的發行手續比較簡單，一般不用到證券管理機關註冊，不公開上市交易，不能流通轉讓。

讀者互動

問：債券的價格和債券到期收益率有什麼關係呢？

答：債券的價格和債券到期收益率是反比關係，因為債券的價格是未來利息收入的貼現值，票面利率是固定的，當價格越高，到期收益率越低，反之收益率越高，這裡的價格是指市場的交易價格，不是債券的面值。而市場利率提高，意味著無風險收益率提高，存銀行是無風險收益率，資金會從債券市場轉到銀行，這樣賣債券的就多，價格就低了，反之，就是買的多，價格高。

影響債券投資收益的因素

債券能否獲得收益，能獲得多少收益，受到以下各種因素的影響：

一、債券的票面利率

債券的票面利率是指發債者一年向投資者支付的利息占票面金額的比率。債券票面利率越高，債券利息收入就越高，債券收益也就越高。票面利率的確定受多種因素的制約，主要有發行時的市場利率、債券期限、發行者信用水準、債券的流動性水準等因素。發行時市場利率越高，票面利率就越高；債券期限越長，票面利率就越高;發行者信用水準越高，票面利率就越低;債券的流動性越高，票面利率就越低。

二、市場利率與債券價格

債券的利率在發行之初就已確定，一般略高於市場利率。當市場利率降低時，加大了債券與市場的利率差，債券的收益相對提高，人們購買債券的積極性提高，從而引起債券價格上漲；當市場利率升高時，減少了債券與市場的利率差，債券的收益相對降低，人們購買債券的積極性降低，從而導致債券的價格下跌。

三、債券的投資成本

說到債券的投資成本，主要分為購買成本、交易成本和稅收成本三部分。其中，購買成本是投資人買入債券時支付的金額，即本金；交易成本包括給經紀人的傭金、成交手續費以及過戶手續費等。

四、市場供求、貨幣政策和財政政策

除去以上因素，市場供求、貨幣政策和財政政策也會對債券價格產生影響，從而影響到投資者購買債券的成本。因此我們在考慮債券投資的收益時，不可忽略市場供求、貨幣政策和財政政策這三大因素。

綜上所述，債券的投資收益雖然受到諸多因素的影響，但是從本質上看，債券仍是一種可帶來固定收益的工具，它的價格不會像

股票一樣出現太大的波動，因此其收益是相對固定的，適合於想獲取固定收入的投資新手。

讀者互動

問：債券收益率是怎樣計算的呢？

答：不同債券的收益率是不同的，通常情況下，

債券收益率＝（到期本息和－發行價格）÷（發行價格 × 償還期限）× 百分之百

如果在償還期內出售了債券，還將涉及到出售者的收益率、債券持有者的收益率以及債券購買者的收益率。

出售者的收益率＝（賣出價格－發行價格＋持有期間獲得的利息）÷（發行價格 × 持有年限）× 百分之百

持有者的收益率＝（賣出價格－買入價格＋持有期間獲得的利息）÷（買入價格 × 持有年限）× 百分之百

購買者的收益率＝（到期本息和－買入價格＋持有期間獲得的利息）÷（買入價格 × 剩餘期限）× 百分之百

投資可轉債有「錢途」

近期股市持續走低，陸續有人撤離了股市，但面對不斷走高的 CPI 指數和手中不斷貶值的現金，卻又缺乏新的投資方向。

可轉債最早源起美國，這類證券是發行人依法定程序發行的，在一定時間內依據約定的條件可以轉換成股份的公司債券。也就是說，可轉債作為一種公司債券，投資者有權在規定期限內按照一定

比例和相應條件將其轉換成確定數量的發債公司的普通股票。因此，可轉債既包含了普通債券所有的特徵，如面值、利率、期限等要素；也包括了權益特徵，在一定條件下可將其轉換成基準股票；同時，它還具有基準股票的衍生特徵。

作為一種介於股票與債券之間的混合證券，可轉債兼有兩種投資方式的優點。對投資者而言，可轉債可謂是一種兼顧收益和風險的理想的投資工具。

一方面，投資過程中如果遇到發行公司業績成長良好，股票價格上漲，投資者可以將可轉債轉換為基準股票，從而獲得出售股票的收入或獲得股息收入，以分享股價上漲帶來的超額報酬；如果遇到股票價格下跌，投資者可以持有可轉債至到期日，從而獲得穩定的本金與票面利息收益，或執行回售權回售給發行公司，領取利息補償金的保底受益。可謂是「進可攻、退可守」，對投資者來說是「有保證本金的股票」。

另一方面，相對於普通債券，可轉債具有比較大的收益上漲空間。這是因為目前由於一級市場融資困難，不少上市公司急於成功融資，在可轉債條款上給予投資者較多優惠，從而使得可轉債發行時溢價較低，這樣投資者很容易透過行使轉換權獲得基準股票上漲的收益。另外，由於可轉債對於很多投資者來說還是一種比較新的投資品種，並且規模龐大，流動性較差，基本上受到投資者的冷落，因此它的總體定價仍然比較低。但是等到可轉債的轉換價值展現出來的時候，其價格就會較大幅度的上漲。

可轉債的強抗跌性。這是因為可轉債的債券本身價值較高，如果股票價格大幅下跌，可轉債價格只會跌到具有相應利息的普通債券的價格水準。而且可轉債發行人一般不打算把融到的資金還給投資者，而更希望持有者把可轉債轉換成股票，這使得發行人在基準股票市價下跌到一定幅度時較積極的向下修正轉股價來促使投資者把可轉債轉換成股票。

可轉債具有很多優勢，但這並不意味著投資可轉債就可以一勞永逸了，在目前的市場情況下投資者在投資轉債時也應注意以下風險。

首先，當基準股票市價高於轉股價格時，可轉債價格隨股價的上漲而上漲，但也會隨股價的下跌而下跌，持有者要承擔股價波動的風險。

其次，當基準股票市價下跌到轉股價格以下時，持有者被迫轉為債券投資者，因為轉股會帶來更大的損失，而可轉債利率一般低於同等級的普通債券，故會給投資者帶來利息損失風險。

第三，按照規定，可轉債的發行者可以在發行一段時間之後以某一價格贖回債券，這樣不僅限定了投資者的最高收益率，也給投資者帶來再投資風險。

第四，可轉債存續期內的有條件強制轉換，限定了投資者的最高收益率，而到期的無條件強制轉換，將使投資者無權收回本金，只能承擔股票下跌的風險。

為了避免和降低上述各項風險，投資者在可轉債投資中應注意以下幾方面問題：

一要注意把握可轉債投資的時機

要想成功投資可轉債，最為關鍵的是要準確把握買賣時機和持有期。相對來說，可轉債更適合在景氣復甦的初期投資，較適合中長期持有。投資者正確的操作策略是以中長期持有為目標，低價買進可轉債，等股價上漲後，再將可轉債轉換為股票或直接賣出可轉債，賺取其中的差價收益。

二要注意把握可轉債的特定條款

可轉債的募集說明書中一般都有關於票面利率、贖回條款、回售條款及強制轉股的規定。其中投資者應特別注意，可轉債的利率水準不是固定不變的，不同的可轉債的票面利率和利率遞增方式仍有區別；回售時間越早、價格越高，對投資者越有利；轉股價格修正條款制定得越靈活，投資者的風險越小。投資者應特別注意可轉債的募集說明書中是否包含了上述幾個條款，具體條款的實現條件如何。

三要關注發行人的信用評級和基本面

這點是最重要的是。可轉債作為一種企業債，其信用比國債低，因此投資者須關注可轉債發行人的信用評估等級及擔保人的經濟實力。可轉債的價格與基準股票價格有正向的連動性，而公司的基本面是股票價格的決定因素，因此投資者把握好公司基本面，最好有良好的業績支撐，同時有較好的發展前景和業務拓展空間。

讀者互動

問：我對可轉債很感興趣，投資可轉債的基本策略是什麼呢？

答：投資可轉債，可分三步走，一是穩健性投資，即投資於市價接近債券本身價值的可轉債，從而在有效控制投資風險的前提下獲取穩定的投資收益；二是進取型投資，即投資於基本面較好、具有成長性、轉股價格修正條件優惠的可轉債，從而在風險相對較低的前提下獲得不低於基準股票的投資收益；三是尋找套利機會，即市場存在一定的無效性，當處於轉股期內的可轉債市價低於轉股價格時進行套利操作。

防範債券投資風險有技巧

我們一直鼓勵崇尚低風險的「九年級」投資債券，但是這並不是說投資債券一點風險也沒有，債券也有可能遭受不履行債務的風險及市場風險。不履行債務的風險主要指發行人不能充分和按時支付利息或償付本金，這種風險決定於發行者的資信程度。一般來說，政府的資信程度比金融公司和企業要高一些。那麼，債券的風險有多大呢？以下介紹幾種常見的債券風險及防範技巧。

利率風險

債券的價格也像股票一樣，會發生波動，而影響債券價格波動的一個重要因素就是利率的變化。利率的升降與價格的高低成反比，也就是說，當利率上升的時候，債券的價格會下跌；當利率下降的時候，債券的價格會上漲。

防範技巧：分散債券的期限，使其長短期配合。如果利率上升，短期投資可以迅速的找到高收益投資機會，若利率下降，長期債券卻能保持高收益。

購買力風險

購買力風險是債券投資中最常出現的一種風險，是指由於通貨膨脹而使貨幣購買力下降的風險。通貨膨脹期間，投資者實際利率應該是票面利率扣除通貨膨脹率。

防範技巧：分散投資。通常採用的方法是將一部分資金投資於收益較高的投資品種上，如股票、期貨等，這樣，這些收益較高的投資就可彌補另外那些由於購買力下降而帶來的收益損失。但是這樣做帶來的風險也隨之增加。

變現能力風險

指投資者在短期內無法以合理的價格賣掉債券，例如當投資者遇到一個很好的投資機會，它想出售現有的債券，但在短時間內很難找到出合理價格的買主，不得不把價格降得很低或者花費更長的時間。在這個過程中，他不是遭受價格降低的損失，就是喪失新的投資機會，這就是變現能力風險。

防範技巧：規避方法：盡量不要選擇冷門債券，而選擇發行資信情況較好的進行投資，比如國債等，像國債這樣交易比較活躍的

債券，更容易得到其他人的認同。

經營風險

指發行債券的公司管理與決策人員在其經營管理過程中發生失誤，從而導致資產減少、債券投資者遭受損失的現象。

防範技巧：為了防止出現經營風險，在選擇債券時一定要對公司進行調查，對其報表進行分析，充分了解它的盈利能力和償債能力、信譽等。此外，由於收益與風險是成正比的，因此，在選擇債券時要在收益和風險之間做出權衡。

違約風險

由於發行債券的機構不能按時支付債券利息或償還本金，而給債券投資者帶來的損失。

防範技巧：一般來說，違約風險多是由於公司經營狀況不佳或信譽不高帶來的，因此，在選擇債券時，一定要充分了解公司的經營狀況以及以往債券的支付情況，盡量不要選擇信譽不好或投資經營狀況不佳的公司債券。此外，在持有債券期間，同樣要積極去了解公司的經營狀況，以便及時做出抉擇。對於老年人而言，還是選擇國債更為可靠。

再投資風險

屬於利率風險的一種，當您選擇短期債券，而沒有選擇長期債券，就會出現再投資風險。例如：長期債券利率為百分之十五，短期債券利率百分之十三，為了降低利率風險而購買短期債券。但等到短期債券到期收回現金時，如果利率降低到百分之十，就很難找到高於百分之十的投資機會，還不如投資於長期債券，仍可以獲得百分之十五的收益。

防範技巧：與規避利率風險的方法相同，也就是分散債券的期限，長短期配合。如果利率上升，短期投資可迅速找到高收益投資機會，若利率下降，長期債券卻能保持高收益。分散投資可以使一些風險相互抵消。

從以上內容可以看出，儘管說債券的風險很小，但並不意味著投資債券就沒有風險。因此，在投資債券之前一定要考慮清楚。

讀者互動

問：購買債券的最佳時機是什麼時候呢？

答：最好是預見經濟可能蕭條的時期，因為當經濟處於蕭條時期，股價會下跌，銀行的利率也會下降，而債券的價格會上漲，在這種情況下，投資債券可以減小你的投資風險。但是，利率是總體經濟的重要指標，個人投資者很難預測。有關這一問題可以諮詢一下債券基金經理，他們對總體經濟研究的非常透澈，對國家總體經濟政策的把握非常敏銳，相信他們的建議對你會有所幫助。

第 7 章　投資房產篇

—— 看好時機，量力而行

投資房產要關注三大因素

「九年級」的年輕人都處在即將或已經成立家庭的年齡，買房成為生活中的一件大事。如今房價漲勢迅速，與其將買房看作室一種簡單的買賣行為，不妨將其看成是一種投資。既然是投資，就一定要注意以下三大因素。

風險性分析

從某種意義上看，房產投資是實現個人財產保值增值，獲得良好收益的一個重要手段。但是購買房產畢竟是一種花費大的投資行為，而且有投資就一定會有風險，「九年級」在投資房產之前一定要認真研究，考慮多種因素，規避風險。

風險之一：總體政策變化帶來的風險

縱觀房地產市場的變動不難發現，房地產市場很容易受到各種市場政策導向的影響，從而造成很大的週期性波動，政策的不確定性給房地產投資帶來了極大的變數。例如近期國家出台了抑制房價的各項政策，給房產投資帶來了很大影響，個人投資房產的成本已經大大上升，風險也大為增加了。

規避方法：平時積極關注國家總體政策的變化，研究政策走向，適當收縮投資戰線，集中資金於少量優質房產，這樣雖說收益減少，但風險可有效降低。

風險之二：都市規劃帶來風險

都市的整體規劃對房產投資有非常重要的影響，尤其在目前大

搞都市建設以帶動內需的情況下，稍有不慎即有可能踩到「地雷」。

風險之三：房仲帶來的風險

有些不法房產商會在合約裡玩花樣，例如將「訂金」變成「定金」，誤導投資者。還有些房產商故意在合約裡空出一些條款不填，利用購屋者不熟悉法律的弱勢，使房產投資人吃虧上當。

規避方法：了解房產商的資質很重要。在投資房產時，盡量找那些誠實守信、有良好品牌形象的房產商。為了防範購買過程中可能出現的陷阱，投資者不妨多諮詢房產法律專業人士，必要時聘請專業法律人士陪同購買，識別合約和交易過程中的風險，避免中了房產商的圈套。

風險之四：錯估個人能力帶來的風險

很多投資者希望能以房養房，但是他們往往錯誤估計了自己的能力，畢竟天有不測風雲，未來的事情誰也無法預料，如果還貸額占資產比重較大，將來一旦出現沒有預料到的事情而發生還貸困難，則房子有被銀行收走的風險。

規避方法：投資房產者必須慎重決策，並把預期收入的估計建立在較切合實際的基礎上，有償付能力，以便從容還貸，規避房貸風險。

適用性分析

要判定房產是否適用，首先要確定購買目的，投機和投資是兩種不同的購買目的。「九年級」在投資房產前一定要做好適用性分析，搞清楚自己買房產的目的是什麼？因為不同的目的決定的不同的評價體系。

其一，以投機為目的

如果投資房產的目的是投機，即利用商品房的流通權，獲得短差。那麼一定要記清自己的這個目的，不要炒房炒成房東。以此目的購買的房產是用來流通的，出售是唯一能盈利的途徑，要時刻準備著出售。你沒有必要去研究房子的價值，你只需知道房價的走勢就行了。「順勢而為」是你唯一的生存之道。

其二，以投資為目的

以投資為目的購屋者主要有兩類，一種是買房自住的，另外一種是買房出租的。無論是哪種情況，目的都是為了要做「房東」，只不過前者是自己的房東，後者是他人的房東而已。以投資為目的購進房產需要考慮家庭人口、交通狀況、工作特點、社區物業管理狀況等因素。你關注的應該是這間房子的價值，只有當成本在價值以下，你才能獲得收益，和價值相同你才能不虧，略高於價值你才能少虧。

保值增值潛力評估

無論你購買房產是以投資為目的，還是以投機為目的，保值增值都是你必須要關注的問題。一般來說，一間房產能否保值增值，與以下因素有直接的關係。

一、地段

這點是很容易理解的，房產的地理條件是決定房產內在價值之最重要因素之一。地理條件包括房產與都市中心活動區域的距離及

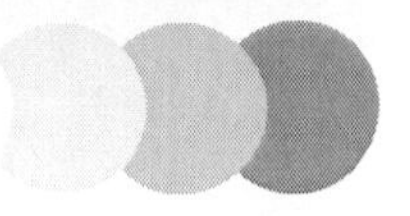

聯絡交通狀況，以及物業所在地的人文環境等。

二、房產自身品質

即房子自身的品質，品質越好，則保值增值的潛力越大。房產自身的品質包括房型、戶型、面積、工程品質與裝修品質、配套設施完備程度，社區物業管理類型與水準。

三、房產購入成本

既包括房產本身的價格，也包括國家稅收、政府費用、仲介機構收取的服務費等內容。

讀者互動

問：現在很多房產仲介機構都打著投資海景房的廣告，這樣的投資可靠嗎？

答：如果海景房不在當地，就涉及到一個異地購屋的問題。異地購屋，或多或少總有些倉促。購屋者被開發商拉到某個郊區別墅裡面，面對場面熱烈的歡迎會、精美的廣告、巨額利益的煽動，人們往往很難冷靜的分析問題。而且，要在一天左右的時間決定買還是不買，根本就沒有時間去當地有關部門了解都市規劃、都市建設等方面的資訊，很多人甚至連房子所在的位置、周圍的情況看也沒看就買了。還有一些人，就是抱著跟隨多數的心態，覺得別人都買了，應該沒有錯，就迷迷糊糊的跟人一起買了。如此購屋實在不是很理智。

買房和租房哪個更有利

租房還是買房似乎是人們長期以來一直爭執不斷的話題。二〇一〇年，一方面是房價勢如猛虎，另一方面是新政頻出，面對著高企的房價，是現在出手還是觀望？是自有置業還是過度租房？借貸買房與租房而居相比，哪個更划算呢？

生活要好，房子要有

王娜今年二十六歲，大學畢業三年，現任某公司總經理助理，單身，月收入四萬元左右，認為生活要好，房子要有。

兩年前，王娜還是一家房地產公司的置業顧問，月收入有時四萬，有時只是底薪三萬元，年收入在五十萬元以上，那時的她就堅持認為房子能給自己帶來最大的安全感。於是，她購買了兩間公司開發的小套房，一間自住，一間出租，當時的房價較便宜，公司還給內部職工打折扣，現在房子已經增值了比分之二十。

王娜說，我們這一代對父輩「量入為出」的觀念大多不以為然。但要懂得投資，讓錢生錢貫穿一生。年輕人不要看別人現在生活得怎樣，而要多思考自己應該怎麼做。我很喜歡投資房產，將來退休後既積攢了不動產，又能實現生活富足安康。

與其花大錢買房，還不如做點別的

就職於一家公關公司的小秦則表示，他絕不會花大錢買房。目前都市房價很高，與其背負一身的債務，不如回老家，也就是郊

區買房子。他認為，九年級應該轉變觀念，不一定要做房奴。與其花大錢買房，還不如做點別的，等到自己的事業收入都穩定了，再買房也不遲。對於房子的增值功能，他嗤之以鼻，「其實所謂保值，只不過是自欺欺人罷了。當經濟全面衰退時，就不存在這個功能了。」

面對日益攀高的房價，「九年級」不免有些無奈。不少「九年級」以近日在網路上廣泛流傳的「某旅遊公司國外旅遊廣告」說服自己放棄買房的執念：只要半坪的價格，日韓新馬泰都玩了一圈；一兩坪的價格，歐美各國也回來了；下一步只好企劃去埃及南非這些更為神奇的所在；幾年下來，全世界你都玩遍，可能還沒花完一個廚房的價錢；但是那時候，說不定你的世界觀都已經變了。生活在於經歷，而不在於坪數；富裕在於感悟，而不在於別墅。

廣告詞說得很誠懇，也看似很有道理，但是買房和租房哪個更有利，還應做具體的比較分析。

為何房價和租金之間會形成如此大的反差呢？根源就在於房價連年不斷上漲。這使得買房者並不是指望靠房屋租金來收回投資，而是靠房產價格的不斷上漲來獲得收益。

如果選擇租房，把一百萬元用來投資，那麼扣除六萬元房租後仍可以得到淨收益兩萬元。即使租房二十年，租金累計為一百二十萬元，也僅比貸款利息高了一些而已。

也許很多購屋者都對以上經濟帳心知肚明，但仍然選擇勒緊褲腰帶要買房，這或許與某些傳統觀念有關。在很多人看來，有房才算有家，有了婚房才能結婚。有的女孩認為沒房的男人缺乏「安全感」，嫁給他也不會幸福。

民眾住房自有率，美國是 65%，瑞士是 42%，英國是 46%。在歐美、日本和香港地區，剛開始工作的年輕人都是選擇先租房，等收入穩定後再量力而行買小房子，這已經是一種被普遍接受的購屋消費觀念。

還有些不願租房的剛性需求者擔心等到今後房價漲了，那就更買不起房了。其實實話實說，現在買不起房子的人，即便房價下跌百分之二十，仍然買不起；而買得起的人，如果傾其所有買間房產，手裡的流動資金便枯竭了。

因此，如果你沒有足夠的頭期款，與其硬撐著降低生活品質當「房奴」，還不如先租房，學會靈活運用手中現有資金，讓錢生錢，等到有足夠能力時再購屋也為時不晚。

讀者互動

問：有機構統計，目前房屋租售比以及租金報酬率這兩項指標都亮了紅燈，這代表什麼呢？

答：兩項與購屋有關的主要指標均已大幅超標，這基本上說明現在租房要比買房划算。目前，大部分都市房屋租售比已經遠遠超過 1:300 的警戒線，最高可達 1:700，這表明房價中存在不小的泡沫；此外，租金報酬率已經低於銀行存款利率，這也說明購屋其實並不太合算。

年輕人投資房產更要有遠見

有這樣一個故事：

十八年前大陸，大姚和小姚是同村的農民，而且好得不得了，時常在一起討論，研究如何發財致富的點子。一九九二年，兩人在街上擺攤賣服裝，又經營水果，一年下來，有了六千元人民幣的利潤。於是，兩人平分，一人三千元人民幣。於是，怎麼花，成了兩個人共同的問題。

大姚是個老實人，在老婆的建議下，拿著三千元人民幣到商場買了彩色電視機。要知道，那時大型彩色電視絕對是個新鮮貨。於是，每到傍晚時分，大姚的老婆就會把彩色電視從四樓搬到樓下，搭個長長的天線，讓過路的行人和樓裡樓外的居民都來看電視。彩色電視著實讓大姚家風光了好一段時間。

小姚是個鄉下人，在城裡沒有房子的。於是很自然的把眼光放到了買房子上。三千元人民幣如何買得起房子呢？好在小姚頭腦靈活，連著好幾個星期，他都騎著輛破自行車到處考察，終於，在一個比郊區還郊區的地方選擇了一間老房子。與屋主幾個來回的磋商後，剛好以三千元人民幣成交。

後來，大姚與小姚在經營上有了分歧，在兩人合作經營了三年後，分道揚鑣了。攤子讓給大姚經營，小姚自謀生路。時間久了，兩人的聯繫越來越少，後來一點聯繫也沒有了。

十八年轉瞬即逝，某天，大姚與小姚在街頭不期而遇了。當時要不是小姚首先打的招呼，大姚早已認不出來眼前這個變得富態的小姚了。

大姚還是十八年前擺攤賣服裝、水果的大姚，只是風裡來雨裡去，面容顯得蒼老了很多，此時的小姚已是某房地產開發公司的董事長了。說起當年的發跡史，還得從起初花了三千元人民幣元買來的房子聊起。小姚買了那個房子不到三年，都市規模就一再擴大，小姚買的房子成了都市計劃拆遷房。一拆遷，三千元人民幣的價格竟被翻了五倍，政府賠給他一萬五千元人民幣。小姚拿著一萬五千元人民幣到城區買了一處新房子。沒想到，到了第二年，城區的房價一下子漲到了百分之十。小姚一不做二不休，又把房子賣了。但這次他沒再買都市的新房，而是專找城郊的老舊房子買。低價進，再高價出，幾次下來賺了不少。十八年前的三千元人民幣早已變成了三百萬人民幣元。而十八年前大姚買的那台大彩色電視，早已成為一堆廢鐵了。大姚不禁唏噓不已。

雖然這只是個故事，但是它足以告訴我們在房產投資方面，遠見觀念是多麼的重要。只要有遠見能力，對目前房產的未來環境有較為準確的遠見，那麼投資房產就能取得很好的收益。切記，房產投資在「遠見」中增值。具體來說，我們所說的「遠見」包括對房產環境、交通、都更、配套設施等方面的遠見。

環境的遠見

目前，有些商品房無論結構、朝向、還是面積都很讓人滿意，但就是蓋錯了地方。這些商品樓房被嚴重的汙染源包圍著，附近或有高壓線、或有水泥廠、或有農藥廠、或有雜訊大的加工廠，各種

汙染源的存在讓人望而生畏。不過隨著政府環保節能政策的實施，這些汙染源必將得到清理，當這些商品房從嚴重的環境汙染中解脫出來，其行情必定看漲。

因此，如果對汙染源的清理有足夠的信心，或是從其他方面得到了可靠消息，政府即將清理汙染源，那就可以先以低價屯購幾間商品房，等汙染源清理了，房價上升了再出售，如此投資收益相當可觀。

交通的遠見

陸小姐二十五歲，三年前剛走出校門的她積蓄並不多，但她預見到了所在縣市的交通基礎設施建設的前景，在當時很偏僻的、很少有人問津且地價低廉的自建房社區內購置了一塊地進行投資。三年後的今天，縣市與高速公路的連接線從陸小姐房屋的前方透過。由於交通條件日趨便利，該社區的地價劇增。當時陸小姐花了五十八萬元購置的地皮現在已有人出價六百萬元，投資報酬率超過百分之百。

投資房產是同樣的道理，投資時不妨選購那些目前交通不便、價格低廉，但交通改善前景樂觀的房產，以期幾年後交通改善待來的高報酬。

都更的遠見

這點與我們前面所舉的事例類似。由於加快都市化進程是當今社會建設的主流，因此各地的都更必將進行，只不過是時間早晚的問題。不少人正是基於這種預見能力，以低價投資購買了一九七〇年代大陸建造的老屋，等待政府的拆遷補償。鄭女士就是這類投資者之一，她幾年前在舊城區看中了一間一九七〇年代的房產，並以十八萬元人民幣的價格購入。沒幾年，當地政府發布消息，決定將對這片舊城進行改造。按照政府的相關補償規定，她只需再補交大約十二萬元人民幣就可以得到一間售價六十五萬元人民幣的新商品房，投資收益翻了幾倍。

因此，投資房產時千萬不要因為房子老舊就過早的投上了反對票，要全方位了解多方考慮再做決定。

配套設施的遠見

在一些新開盤的住宅社區中，很多配套設施都建設得很不完善，有的沒有幼兒園，有的沒有菜市場，有的沒有便利的交通……這些因素都給居住者的生活帶來許多不便。儘管這類住宅社區房價偏低，但是由於生活不便，購屋者稀少。五年前，高女士所在的小鎮就有這樣一個住宅社區，可以說除了幾棟住宅樓以外，就再也沒有其他配套設施了。但善於投資的高女士發現，在當時的購屋者中，有不少都是在政府部門工作的人，她認為政府部門的工作人員肯定會充分利用自己在政府工作的便利，近水樓台先得月般的為社區爭取各種配套設施。於是高女士一連選購了兩間商品房。果然，五年之後，這個社區的各種配套設施都齊了，菜市場、健身房、幼兒園應有盡有，居民生活十分方便，房價也隨之上升了近 60%。高女士僅出售了其中的一間商品房就收回了四年前的全部投資，淨

賺了一間商品房。

因此，在投資商品房時要善於觀察，一旦發現未來有改善生活設施的苗頭，就大膽投資，不要被眼前現有的情況所迷惑。

讀者互動

問：內銷商品房和外銷商品房有何區別嗎？

答：內銷商品房是指房地產開發經營企業建造的向境內公司和個人出售的商品房。外銷商品房是指房地產開發經營企業建造的向境外人員銷售的商品房。

內銷商品房可以銷售給個人和公司，包括中央和個人，以及批准設立的辦事處和聯絡處。

短期投資房產的三個要點

投資房產，目的是為了保值、增值。在正常情況下，很多地方的房價都是七年翻一倍，因此，房產更適宜中長期投資。但是在目前漲勢巨大的房市中，不少投資者選擇以短線操作的方式來短期炒房，即先買下房產，待段時間內房價上揚時再伺機出手，如此投資報酬快，變現好。但是用這種方法投資房地產，就跟投資股票一樣，需要注意入市時間（選時）和選對房產（選房）。

選擇購屋的時機

通常來說，開發商會在手裡掌握部分啟動資金時便開始銷售樓盤，用低價吸引購屋者認購「房屋」，再低開高走，以「滾雪球」

的方式獲取後期建設資金。此外，低價認購能給樓盤製造出旺盛的人氣，從而吸引更多買家跟進。因此，相對來說，剛開盤購進房產比較划算，然後看準時機果斷出手。短線投資房產有點像投資股市，到了合適的價位就盡快出手，像股票一樣，這種操作方式很難賣到最高價，應該留一點利潤空間給接盤者。

選對購屋時機，要求投資者不僅要對整個房地產市場，乃至發展趨勢都要有所了解。雖然房地產長線報酬預期良好，但從國際經驗看，這個行業存在上漲和下跌的景氣循環，如同股市一樣也有「熊市」與「牛市」之分。例如：有幾年房價就處於大牛市時期，房價一路高歌，此時投資房產，收益就很高。而當房價超正常快速猛漲一個時期產生較大的泡沫後，房市就會進入一個「熊市」時期。一般來說，房價大幅度上漲後，民眾償還貸款壓力巨大，不少購屋者從每月收入的百分之四十用於償還貸款上升至百分之六十甚至百分之八十。此時，如果房地產價格急速回落，社會財富大量萎縮，經濟形勢由此進入衰落期。

因此，投資房產也要運用股票投資的相關知識，注意充分利用「牛市」來增收，盡量避免被「熊市」壓縮財富。最理想的投資方法就是在「熊市」的谷底買入房產，在「牛市」的高峰期賣出房產。

關注好的樓盤

股市投資要注意選「好股」，投資房產與投資股市一樣，也要注意選「好樓盤」。投資者應首先關注那些具有升值潛力的樓盤，並對想購買的樓盤要進行「技術分析」和「基本面分析」。所謂「技

術分析」，指的是要把握開發商操盤的節奏，與「莊家（開發商）」共舞，了解它何時是在以低價吸引買房人、何時是在拉升價格以獲取後期建設資金等。所謂「基本面分析」，即要關注樓盤的品質如何。需要關注的因素包括交通是否便利、戶型是否合理、配套設施是否齊全、周邊住宅開發情況等，這些都為房產升值提供物質保障。

另外，只要房屋的其他周邊設施條件良好，投資毛坯房也是個不錯的選擇。而且毛坯房的價格相對較低，對投資者的啟動資金要求較少，能適當減輕投資者的經濟壓力。如果是毛坯房，投資者還可以根據房屋當地出售人群的特點，進行有針對性的裝修，提高出售率。在裝修的過程中，投資者可以多跑幾處建材市場，了解各方面的價格，選擇合適的裝修公司，自己裝修會比開發商裝修划算得多，更不會因為精裝修部分出現品質問題而和開發商發生糾紛。

充分利用房價上漲的輪動效應

投資者在投資房產時可充分利用房價上漲的輪動效應。所謂「房價上漲輪動效應」，是指房價總是先從市中心漲起，到次中心，再到中間區域，最後到邊緣區域的規律在上漲。這種房價上漲輪動效應，給善於觀察的投資者一個極好的投資機會。利用房價上漲的輪動效應投資房產，有一個經典的故事。

在新加坡，有一對夫妻只有一間房子，卻有四個孩子，於是善於理財的家庭主婦就想辦法把一間房子變為了五間房子，讓自己和每個孩子都有獨立的房子居住。她利用的是房價上漲的輪動效應，也就是房價總是先從市中心漲起，到次中心、再到中間區域、再到邊緣區域的規律。由於自己的房子位於最中心，房價先漲起來，主婦就把市中心的房子出售，把自己的家搬到還沒漲起來的次中心區域，貸款買了一間兩房一廳的房子；等到這個區域的房價也漲了，她又把這間房子出售，貸款買了兩一房一廳的房子，如此循環，二十年下來，等到四個孩子逐漸成家，主婦不光擁有自己的房子，還幫孩子準備了四間房子。

根據多年的實際經驗可知，房產增值的規律一般都是按「先從高價房到中價房，再到低價房，最後再到高價房」的順序進行的。房價與房租的變動也有規律可循，一般房價先漲，租金同時漲；同時漲到一定程度的時候，房價就開始滯漲，但帶動了上下游產業價格上漲，然後物價上漲，同時平均薪資也上漲。當房價居高不下，都市勞動就業就會增加，平均薪資也再度上漲，於是租金再度開始上漲；等租金和房價的平衡關係打破後，房價又開始上漲了。

因此，投資者如果掌握並善於運用這種房價上漲的輪動效應，那麼投資房產的收益一定會更高。

讀者互動

問：新政的發布對短期投資房產有影響嗎？

答：目前，政府不斷發布新政策抑制投機性購屋，此時期望透過短期投資房產獲取暴利，風險還是比較大的。另外，由於建材等建築材料價格在上漲，房價下降的可能將很小，

如果資金比較多，且抗風險能力比較強，可長期投資房產使得資產保值。

投資中古屋要注意的兩大要點

李磊，是個白領、單身女子，月收入三萬元，生活口號是自力更生，做小富婆。

李磊現在住的房子是父母的房子，父母目前在都市居住，房子給了李磊，一房一廳。李磊手頭有了一些積蓄後，經過置換又買了一間中古屋。

提起購買中古屋的原因，李磊說有三點，一是她希望自己的錢能增值，買房子是一個保值、增值的途徑；二是現在新房的價格攀升得太高，於是她選擇了價格相對便宜的中古屋，簡單裝修一下就能出租，可以省下一筆錢；三是選擇中古屋，不必像預售屋那樣，要至少半年甚至更長時間等待才能入住。

專家認為，由於「九年級」的經濟基礎和事業基礎都比較薄弱，因此在投資中古屋時要謹慎考察，量力而行。

是否具有很強的流動性

投資中古屋也要考慮風險性。由於中古屋的面積較小、建成年分較早、戶型不符合現代人居住要求，它的總房價總是比新房低。而且絕大部分的中古屋都可以直接居住，無需裝修，這樣就可以免除十萬元以上的裝修費用。所以，投資中古屋的風險要比投資新房低。

因為你所購買的中古屋是要拿來投資的，而不是拿來居住的，所以你投資中古屋一定要注意流動性。絕大部分的中古屋都處於都市的中心，住行都較為方便，所以市場需求一直很旺盛。而雖然經濟發展速度很快，但不可否認的是，絕大部分的人還不是很富有。對於多數人來說，購買房產永遠都是他們生活中的最大開支，也是最慎重的大事。不要說在經濟不發達的都市，就是在經濟發展很好的都市，需求低房價的人群仍然是占多數的。因此，旺盛的需求造就了中古屋極高的流動性。

是否有旺盛的出租客源

一般人投資中古屋的收益主要來自兩個方面，一方面是為了享受房價上漲帶來的收益，另一方面是出售之前可以出租收取租金。中古屋極具魅力的地方是它多數處於市中心或是中心城區、中央商務區，而這些地方正是租房需求最旺的地方。而租房需求最大的人群是在本地沒有固定家庭的年輕人，他們對租房的要求必然是經濟、實用、交通方便；相對而言，他們對房屋的戶型、環境、面積並不十分在意。在這種情況下，功能性強、面積小、租金低的中古屋必然是租房人群的首選。如此投資，你在中古屋出售之前，就能獲得穩定的租金收入，從而能獲得穩定的投資收益。

據某統計資料顯示由於學生、外來務工人員，以及都市因動遷引發的過渡房需求為售後公房提供了強勁的推動力，全年售後公房

租金平均漲幅近百分之十八。儘管豪宅的身價遠超過普通住宅數倍甚至數十倍，但其租金年化收益率卻遠低於普通住宅。作為普遍住房的中古屋，其租金的成長性遠比高檔的新房要好得多，投資優勢可見一斑。

投資新手在投資中古屋時一定要以以上兩點為投資依據。那麼，中古屋怎樣投資才不吃虧呢？

要想成功投資中古屋，第一項功課就是多看。房產投資，作為個人的一項大投資，要看（考察和考慮）的方面較多。但其中有四個方面是必看的。

一要有足夠的人：要看房子所處的地段是否具有足夠的人氣，一般來說，人氣旺了，住房需求也旺。好地段、熱鬧中心區的中古屋有良好的升值潛力，能保證日後良好的投資收益。

二要看環境和市政配套設施：要看房子所在地是否有良好的環境和市政配套。多數中古屋處於有一定年頭的社區裡，社區裡的會所雖很成熟，但不一定很完善，因此，最好選擇在那些市政配套和生活配套設施完善的成熟住宅社區裡投資中古屋。同時，還要認真考察房屋周圍是否有雜訊、有害氣體、垃圾轉運站等不良環境，社區的安全保衛、衛生清潔，以及房屋本身的配套設施等也是考察的重要內容。

三要看交通是否便利：要看中古屋是否處在交通發達的地方，周邊最好要有停車場或是社區裡就有停車位，要注意避開高架橋的阻隔，這樣居住和生活都很方便。

四要看設計能否改造：要看戶型設計得是否較為科學，若是有不佳之處，是否能稍作改造提升其價值。

另外，在考察多處中古屋後，還要善於比較。比較分縱向比較與橫向比較。

其中，縱向比較是看漲的空間，就是與前幾年的房價做比較，結合這個地段的歷史房價情況和發展前景，看看漲價或是跌價的空間有多大。橫向比較是與同地段的房子做比較，看有沒有利潤空間和優勢。對於同一供需圈內規模相當的中古屋，必須對其價位、建築面積、戶型結構、建築年代的差異性、裝修等級、是否存在拆遷可能、配套設施是否成熟等方面，進行一個細緻、周全的比較，在此基礎上評估各個目標中古屋的投資報酬率，擇優而投資。

最後，投資中古屋還有根據手頭上的資金來選擇。對於資金雄厚的投資者來說，重點要考慮上述的「多看多比較」中的要點。而對於投資資金較小的個人投資者，必定要考慮可供投資的資金數量。例如資金量小者，可選擇投資十坪的小套房，如一房或兩房，面積小的中古屋占用資金不大，出租靈活，其租金收入較高且穩定。而對於資金比較多的投資者而言，可選擇購買一房一廳。

由於投資中古屋是以收取租金為主要目的，那麼建築面積在十坪左右的一房最受青睞，因為小面積帶來的是租金少、且不用合租的優勢，很受外地人歡迎。如果投資中古屋是以出售獲取價差收入，那麼兩房更佳，因為需求者多是小倆口、三口之家或是兒女購給父母居住的，這類人群追求的就是便利與實惠。

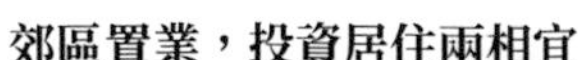

讀者互動

問：拍賣行中的抵債房產可以進行投資嗎？

答：可以。拍賣行中很多不錯的房產都被以低價拍賣，有些房產的拍賣價格低至附近的現房或是預售屋的百分之五十。現在到拍賣行裡淘房子的投資形式已眾所周知，所以當前從拍賣行中取得中古屋的獲利空間已經沒有以前那麼大了，但與周圍同等級的中古屋價格相比，至少還會有百分之十的利潤空間。

郊區置業，投資居住兩相宜

由於市區內的房價日趨攀高，很多「九年級」購屋者無力承擔如此高昂的房價，於是將目光移至郊區。選擇在郊區置業，無論是投資或是居住都是較為理想的。

首先，對於投資者來說，郊區住宅成本相對於市內要低不少，而且隨著交通的便利，郊區住宅的增值潛力較大。

通常來說，郊區的房價比市區的會相對低很多，購置一間商品房能省下大把鈔票。此外，郊區的地價也大大低於市區，如果在郊區買地自建房屋，同樣能省下一大筆錢。

購買郊區房並不意味著沒有投資市場。隨著都市的擴張，郊區早晚要變成市區。而在經濟發展迅速的今天，這種變化相當快。

其次，對於居住者來說，郊區環境優美，空氣清新，雜訊汙染小，有利於身心健康。

現在很多開發商為了吸引買主，把郊區的住宅區規劃得科學合理。因為郊區的地價較為低廉，草地、綠化樹、花圃的占地就顯得大方、怡人。而且郊區遠離鬧市，車少人少，空氣、雜訊汙染也相對較小，極有利於身心健康。此外目前四通八達的道路和便利的交通工具，也讓郊區居住者不在有出門不方便的顧慮。因此，郊區對於追求居住環境的人們來說，無疑是理想的選擇。

郊區置地有如上優點，但是選擇郊區置地也要注意一些隱性成本的開支。

胡小姐與先生結婚兩年，今年有了個虎寶寶。家裡添丁本來是件好事，但是由於胡小姐與先生都是普通的薪資階層，之前買房幾乎花掉了所有積蓄，養育孩子給家庭帶來了較大的負擔。為了緩解經濟拮据的狀況，胡小姐將市中心的寬大住房以每月兩萬元的價格租出去，自己再到郊區租個簡單點的小公寓，月租金才一萬元。攤銷完稅費、仲介費等費用，按理說這一租出租入，每月可以給她多賺一萬多元左右。但是一年過去了，胡小姐並沒有感覺到家裡的經濟狀況有所改善。之後，一位學經濟的朋友幫她精算後，她才恍然大悟，原來自己只計算著表面上的開源，卻忽略了因居住郊區而帶來的隱形生活支出的問題。

把家搬到郊區後，首先增加的一個較大的隱形成本就是交通費用。以前，家住市中心，由於距離目的較近，上班、購物都是走路步行去的，交通費用開支很少。而現在遠離市中心，胡小姐夫婦上班、週末進市區逛街等，都得搭車，有時為了趕時間還得搭計程

車。兩人一個月的交通費用就花去五千元。

其次，由於胡女士租房的地點較偏，生活設施還沒有配套齊全，沒有大型超市，也沒有大型的菜市場，更別提一些便宜的速食店。於是胡小姐只能在小店鋪購買日常生活用品、在小市場買菜，由於物價較高每月大約又多支出了三千元。

如此一算，胡小姐在房子上做文章只開源了兩千元左右，並不是之前預計的一萬多元。而每個月增加兩千元，對於一個家庭來說，當然不會有太大的改善經濟狀況的效果；相反，還給一家人帶來了居住郊區的生活不便和路途勞累。因此，選擇郊區置地要注意算清毛利與淨利的差別，不要讓那些不容易看見的和不引人注意的隱形支出抵消了所增加的房租價差收入，造成開源但並未增收的白忙一場。

走出購屋盲點

購屋有盲點，購屋者在買房時應提高警惕。

盲點一：地段好是王道

很多購屋者買房最看重地段，其實地段對我們普通的買房者來說並不是最重要的。好地段的成熟和優勢當然不可否認，但其相對高昂的房價也是有目共睹。

盲點二：面積越大越好

有些投資者認為買房一定要氣派，氣派就是一定要大，越大越好。大房子的舒適感我們不能否認，但購屋一定要量力而為，如果每月所還的貸款超過你或者你家庭收入的 50%，將會嚴重降低你的生活品質。

盲點三：聽別人的介紹

買房子不要僅聽別人的介紹，最好自己抽點時間好好比較，經常看看工地的施工情況，只要肯花時間調查，建商的口碑、實力、專案的施工品質這些問題不難掌握。

盲點四：追漲殺跌的心理

房產作為固定資產，是具有長期性、保值增值功能以及很強的抗風險能力的。所以有能力的完全可以購買，暫無能力的，也不要為了買房四處舉債。

盲點五：西邊間的房子不好

這是一種片面的看法，西方邊間在冬天有超長的日照是它最大的優勢。特別是對於那些採用環保保溫外牆塗料的專案來說，其實東方邊間、西方邊間沒什麼區別。

讀者互動

問：我與男友相戀五年，現在打算一起買間房子，但是由於我們還沒有結婚，在買房時有什麼注意事項嗎？

答：未婚男女具有不確定性，萬一以後因感情不和分手，很容易因財產問題糾纏不清。因此，未婚男女在買房階段，最好能簽署一份同居協定或同居期間財產協定，一旦發生糾紛能及時找出證據。買房時也應同時簽署兩個人的姓名，或透過公證等法律途徑來避免日後的房產糾紛。

第 8 章　投資黃金篇

—— 財富保值增值的好選擇

投資黃金的三種主要形式

投資黃金主要有三種主要形式：黃金期貨交易、黃金存摺交易、黃金現貨保證金交易。

黃金期貨交易

黃金期貨交易和一般的商品和金融工具的期貨交易一樣，買賣雙方先簽訂買賣黃金期貨的合約並交付保證金，規定買賣黃金的標準量、商定價格、到期日。在約定的交割日再進行實際交割。世界上大部分黃金期貨市場交易內容基本相似，主要包括保證金、合約公司、交割月分、最低波動限、期貨交割、傭金、日交易量、委託指令。

對於黃金期貨交易，投資新手如果之前做過其他品種的期貨交易，那麼應該可以很快上手。但是如果是初次入市，應該先去期貨交易商處開戶，黃金期貨交易的開戶流程與股票非常相似，首先到期貨公司辦理開戶手續，然後到期貨公司合作的銀行辦理銀期轉帳，再將資金打入客戶帳戶，就可以進行期貨交易了。

初次入市的投資新手若對黃金期貨投資沒有把握，或無法摸準黃金交易的趨勢，最好先做一個模擬交易，上期所會在推出黃金期貨交易前首先推出模擬交易。對廣大投資者而言，先做一下模擬交易是一個不錯的選擇。

與其他普通商品期貨不同，黃金期貨有其自身的特殊性，價格穩定，產量有限，暴漲暴跌的情況比較少見，適合做中長線投資。

專家建議，在操作黃金期貨時，要注意以下幾點：

1. 只做自己熟悉的

對於自己並不熟悉的黃金期貨最好不要做，只有在充分了解了黃金期貨的情況下，你才有可能摸清一些規律，才能獲利。

2. 交易活躍的合約

交易不活躍的合約，由於參與的人數較少，所以可能無法更快的按照你自己的目標價位達成交易。一般來說，成交量越大說明交易越活躍。

3. 選好時機，看好趨勢

任何投資都要擇時而入，做黃金期貨同樣如此，一定要選擇好的時機進入，當趨勢不明時最好不要進入。合約的選擇也很重要，因為合約到期後是要交割實物的，就算你選好了時機，看清楚了趨勢，合約到期了，你也必須要平倉，無法再在此合約上繼續下去。

4. 資金利用不要滿倉

黃金期貨交易由於短期內波動不大，占用的資金不多，因此不易爆倉。但是如果滿倉操作，價格有一點不利於你的變化，你就會被動的處於爆倉的邊緣。一般而言，做期貨，資金的利用率在60% 之下是安全的。

5. 關注隔夜風險

期貨市場跳空高開或低開是很正常的，所以一定要注意隔夜風險避免損失。如果實在猶豫不決趨勢，在日內平倉也是可以的。

黃金存摺

銀行的「黃金存摺」業務，是一種個人憑證式黃金投資，投資者按銀行報價在帳面上買賣「虛擬」黃金，個人透過把握國際金價走勢低吸高拋，賺取黃金價格的波動差價。黃金存摺交易只能透過帳面反映買賣狀況，不能提取實物黃金。黃金存摺與黃金期貨投資相比，「黃金存摺」的交易門檻更低，只需要十克就可以進行交易。也就是說，「九年級」要想嘗試投資「黃金存摺」，只需準備千餘元就可以了。而且由於免去了實物金條交易中的保管費、儲存費、保險費、鑒定及運輸費等費用的支出，黃金投資中的額外費用降低了不少。但是在進行「黃金存摺」交易的時候，需要支出一筆買入賣出的手續費，不同銀行的手續費也不太一樣，因此，在投資「黃金存摺」時一定要把交易的手續費算入成本，這樣才能算出真正的獲利。

需要注意的是，「黃金存摺」業務在報價上一般採用國際金價報價，銀行中間價就是國際金價折合成幣值的價格，銀行在此基礎上加單邊傭金形成報價。

此外，投資黃金的利潤來源是靠金價上漲，透過利差來獲取的，由於金價的波動不算太劇烈，因此做短線的話，利潤有限，建議做中長線投資。

讀者互動

問：我可以選擇商場裡出售的黃金飾品來做投資嗎？

答：投資黃金時可以進行實物黃金投資，即買金產品，比如金

條、金幣以及金飾品等等。一般來説，金條的黃金價值最足，它是按照一定的標準來鑄造的，成色足；金幣分純金幣和紀念金幣，重在收藏價值；而金飾品重在裝飾，它的設計和鑄造價值遠高於黃金價值，因此，如果用於投資不建議選購。

實物黃金與黃金存摺優缺點比較

實物黃金

我們所說的實物黃金，專指將黃金以衝壓或澆鑄工藝加工成各種條、塊、片、板狀形的熟金實體。一般人多年來都有買金、藏金的傳統，而實物黃金在其交易過程中需對貨幣資金和黃金實物作清收交割，其交投過程比較形象直觀，很適合老百姓長期形成的消費嗜好。

按照黃金投資交易標的的屬性，可將實物黃金分為投資金幣和投資金條兩種。

其中，投資金幣是經過證明，以黃金作為製作貨幣的材料，按規定的成色和重量，澆鑄或衝壓成一定的規格和形狀。

對於一般的投資者，不妨選擇第二種實物黃金投資方式——投資金條。金條的加工費比較低，其他各種附加支出也不高，而且標準化金條在全世界範圍內都可以方便的買賣。此外，金條的價格與國際黃金市場價格非常接近，投資者購買回來的金條可以很方便的再次出售兌現。但是這裡所指的金條並不包括市場中常見的紀念性金條、賀歲金條等，這類金條都屬於「飾品性金條」，它們不僅售價遠高於國際黃金市場價格，而且回售時很麻煩，兌現時要打較大折扣。所以在投資金條前要先學會識別「投資性金條」和「飾品性金條」，一般的飾品性金條可以少量的購買用做收藏，但絕不適合做為金融投資品。

投資實物黃金的適用者包括：平時工作忙碌，沒有足夠時間經常關注世界黃金的價格波動，不願意也無精力追求短期價差的利潤，而且又有充足的閒置資金的投資者。購買實物黃金後可做長期投資。

黃金存摺

由於實物黃金的買賣交易過程較為複雜，一些店家一般會對回購金條、金幣作真假鑒定識別，同時由於零售市場買賣的小金條、金幣是黃金零售商和造幣廠在批發市場上買入大條金後重新熔煉澆鑄加工而成的，因此存在著一個熔煉損耗和重新加工的費用問題。相對而言，黃金存摺的交易手續更為簡單，既加快了交易速度，又節省了交易成本，受到廣大黃金投資者的歡迎。

按照屬性的不同，可將黃金存摺分為憑證式黃金存摺、記帳式黃金存摺和電子黃金。

其中，憑證式黃金存摺是「炒金」的主流，指的是黃金所有人持有的只是一張物權憑證而不是黃金實物，它的報價類似於外匯業務，即跟隨國際黃金市場的波動情況進行報價，客戶可以透過把握

市場走勢低買高拋，賺取差價。投資者買入黃金後，由銀行出具黃金存款單或黃金代保管單證。投資者憑存款單或提貨單既可向銀行提取實物黃金，也可憑存款單或提貨單向銀行賣出寄存在銀行的實物黃金。

記帳式黃金存摺是「憑證式黃金存摺」的發展，為了更進一步簡化交易過程，投資者的買賣交易記錄只在個人預先開立的「黃金存摺帳戶」上展現，而不必進行實物金的提取。這種交易方法可以節省實物黃金交易中必不可少的保管費、儲存費、保險費、鑒定費及運輸費等費用的支出，降低黃金價格中的額外費用，提高金商在市場上的競爭力。

電子黃金交易是運用記帳式交易的工作原理，結合商業銀行已有的網路銀行網路系統和電子終端設施，透過商業銀行的電子借記卡為交易載體，為投資者提供的一種自助遠端交易方式。投資者可以透過電話交易、自助終端交易或在網路交易網路交易，根據銀行的報價自行作遠端買賣交易，確認成交以後不作黃金實物的交割，只在「黃金投資帳戶」上作黃金和貨幣資金的存、取記錄即可。

在目前國際經濟形勢並不明朗的大前提下，投資實物黃金和黃金存摺均具有保值避險的作用，同時又具有相似的投資增值功能，是個人投資理財的良好工具，但兩者又有不同的特點。

實物黃金在交易過程中主要呈現出三個特點：第一，實物黃金比較形象直觀，具有非常好的保值功能；第二，實物黃金變現性非常好，但增值空間相對較小；第三，由於個人投資者對實物黃金的成色鑒別比較困難，因此，個人投資者投資實物黃金時，一定要選擇那些規模大、資金足、口碑好、經營歷史悠久的黃金商。

黃金存摺在交易過程中同樣具有三個特點：第一，由於黃金存摺交易的基礎仍是實物黃金，因此，當市場上通膨率居高不下時，黃金存摺同樣具有保值避險功能；第二，黃金存摺買賣交易方式靈活方便、交易速度快、交易成本低，具有非常穩健的投資增值功能；第三，由於在黃金存摺交易過程中，經銷商給投資者出具的是一紙承諾，而黃金經紀商的承諾是否能夠即時兌現就成了投資者能否獲利的關鍵。因此，投資者應選擇那些資金實力雄厚、經營作風穩健、經營狀況良好，具有良好的商業信用的商業銀行。

讀者互動

問：我在購買實物黃金時有什麼注意事項嗎？

答：由於實物黃金買進或賣出都伴隨著黃金實物的交割，所以投資人在購買時，一定要看清楚所購黃金的含金量是否達標，重量是否足夠等。更重要的是，由於店家在回購所銷售出去的金條時，會十分看重黃金有沒有被損壞，所以投資人若將金條拿回家，需要好好保存。

玩短期炒作可以投資黃金存摺

炒黃金與炒股票一樣，也有長期、短期之分。專家提醒投資者，如果選擇短期投資，黃金存摺比實物黃金獲利空間要大得多。

一般來說，投資金條的買賣價格是在即時黃金報價的基礎上

添加一定數額的手續費，例如：投資黃金的手續費為每克六十元，也就是說，只有當每克黃金價格上漲了六十元時，投資者才能收回成本，之後的才是利潤，如果漲幅達不到六十元 / 克，投資者若想贖回金條，還將面臨虧損。相比之下，黃金存摺的交易費就要低多了。

此外，專家建議投資新手要看清市場，投資黃金並不是在價格低時就一定要投資，或是在價格高位時就一定要追高，投資黃金要看黃金的走勢。黃金價格的波段趨勢性特點較為明顯，如果不巧買在了高點，可能就要忍受幾個月甚至幾年的下跌行情。例如：金價曾在一九八〇年最高上漲到 850 美元 / 盎司，之後便一路下跌，直至跌倒一九九九年的 251 美元 / 盎司。

目前黃金的價格普遍較高，在這種情況下，投資者應謹慎投資。要想購買黃金，可以採取分批買入的方式，例如：金價每跌十元美金就買入一定量的黃金。

黃金存摺的報價類似於外匯業務，它是跟隨著國際黃金市場的波動情況進行報價，投資者可以透過把握市場走勢低買高拋，從而賺取其中的差價。投資者在購買黃金存摺後，所持有的只是一張物權憑證而不是黃金實物本身，不發生實物黃金的提取和交割。

我們平時常見的黃金存摺類型主要有黃金儲蓄存款單、黃金交收訂單、黃金匯票、大面額黃金可轉讓存款單，除此之外，還包括黃金債券、黃金帳戶存摺、黃金倉儲單、黃金提貨單，黃金現貨交易中當天尚未交收的成交單，還有國際貨幣基金組織的特別提款權等，都屬於黃金存摺的範疇。

黃金存摺適合短期操作，因此有「像炒股一樣炒黃金」的說法，投資黃金存摺的年收益一般為百分之二十左右。此外，黃金存摺還有很多優點。首先是投資門檻比較低，操作簡便快捷；其次是費用低，可以節省實金交易必不可少的保管費、儲存費、保險費、鑒定費及運輸費等費用的支出，降低黃金價格中的額外費用，同時也不用為保管黃金擔心。但是，美中不足的是，黃金存摺只能單向交易，只能看漲做多，即只能先買入等到價格上漲後再賣出獲利，不能提取實物黃金。

由於黃金存摺不能提取實物黃金，因此，從某種意義上說，黃金存摺的最終結算單位只能是某一種貨幣。既然是貨幣，就自然無法避免系統性的風險，只能從黃金價格本身的漲跌來獲取價差利潤。

由於黃金存摺是用來「炒」的，所以要特別注意投資方法。歸納來看，投資黃金存摺要注意以下幾點：

一、關注交易點差和報價方式

提供黃金存摺交易的平台其黃金存摺業務的交易時間、報價方式、交易點差和交易管道方面都有所不同。因此，投資新手在投資黃金存摺時要學會貨比三家。

其中，黃金存摺的交易點差和報價方式應該是投資者最為關注的問題，因為這將直接關係到投資者的投資報酬。

二、控制好買賣時差

透過以往的投資經驗可知，投資黃金存摺的買賣時間差最好在一個月以上。很多投資者都希望透過低買高賣的方式盡快賺取價差的收益。但是由於國際的金價在一兩天內沒有太大變化，另外，黃金正處於上升的大牛市和銀行的黃金存摺投資點差較高，因此黃金存摺的投資期限最好設定在一至三個月一次，波動幅度每克都在五十元至一百元以上，有時候會超過兩百元。如果能夠在低位或相對低位買進就會得到較高的報酬，一年做好一到兩波較大的行情就有豐厚的報酬。

三、關注季節性因素

與其他投資方式不同，黃金由於供給關係的影響，有比較明顯的季節性因素。通常來說，春節前後～四月至五月、十月至十二月是實金買盤的旺季。因為這時候有些喜慶的節日、婚嫁高峰期、印度的宗教節日等，而這些季節珠寶商對黃金的需求大，價格容易走高。

四、多關注美元和油價走勢

不要認為美元、油價與黃金不沾邊，其實美元和原油對黃金的短期價格走勢有明顯的影響。因此，投資新手要多關注美元和油價的走勢，從而對黃金走勢有個準確的預測和判斷，這樣才能做好黃金存摺的短期炒作。另外，還要關注國際上的經濟形勢和政治局勢，因為這些也是影響黃金價格走勢的重要因素。

讀者互動

問：黃金存摺帳戶計息嗎？

答：黃金存摺帳戶只作交易用，不計利息。黃金存摺帳戶是屬於你自己的借記卡（活期帳戶）下的下掛帳戶，只記載黃金克數，可以在自己的活期帳戶和黃金帳戶之間相互轉帳，轉到黃金帳戶的不付利息，轉回活期帳戶的按活期利息計算。

投資黃金的三大要點

面對黃金價格的機會，作為個人投資者應該把握黃金投資的三大要點。

投資黃金要摒棄過分投機心理

由於黃金的價值一直相對穩定，因此它在短期內不可能成為牟取暴利的投資工具。也許很多炒股的人已經習慣了在股市中「快進快出」的操作，看慣了透過投機權證在一夜之間暴富的情況，甚至醉心於外匯市場的套息交易。但如果選擇投資黃金，投資者就應該著眼於長遠的保障，著眼於資產的安全性，著眼於控制整體價格波動的風險。因為現在正處於黃金的牛市，如果抱有投機心理在黃金市場裡進進出出，不僅增加了交易費用，還容易錯過價格成長幅度較大的幾個交易日。

有時候，投資黃金也要像投資股票時「抱股」一樣去「抱金」，

特別是在牛市的大背景下。而且目前股市震盪嚴重，「抱金」更為必要。因為，黃金的價格總與股票市場、債券市場呈反向運動，當股市、債券等投資市場出現低迷時，可以透過購買黃金來迴避風險；而當經濟形勢一切向好，股市發展平穩時，資金往往會流向獲利相對更高的股票市場，從而造成金價的小幅震盪。例如：二〇〇〇年以來，尤其是「九一一」事件發生之後，歐美股市連續下挫，黃金價格則連續五年大幅度上漲。

投資黃金需要組合搭配

雖然說黃金的價格與股市、債券市場的行情呈反向運動，但投資黃金與投資其他資產並不衝突，反而相互配合效果更好。按照每個投資者風險偏好程度的不同，黃金在投資組合中的比例也有所不同，但總體區間應當保持在百分之五至百分之三十的水準，如此組合就可以將風險控制在合理的範圍之內。透過利用黃金價值的相對穩定性及其在特定情況下與其他某些資產價格的負相關性，從而減小或者對沖了風險。因此，應當把投資黃金作為個人投資組合的一個部分，而不是讓所投資金在黃金市場中「單打獨鬥」。

在個人投資組合中，可將黃金視作資產結構中重要的安全基礎。無論市場如何變幻，黃金始終保持著其固有的長期價值。就算其他貨幣和商品的實際價值都在下降，黃金也有平衡投資風險的作用。因此，人們常常買進黃金來防範通貨膨脹和貨幣波動。

作為中長期投資品種，黃金投資在個人投資組合中所占的比例不應太高，也不能太低，具體占有多大比例要在認真研究投資組合風險與收益之後再做決定。投資組合中黃金的優點顯示了一個令人信服的邏輯：不含黃金的投資將不再是投資者能夠承擔得起的奢侈品。

投資黃金要選對產品

由於黃金是一種兼具商品屬性和貨幣屬性的特殊產品，黃金市場是由實物以及以此為基礎的眾多衍生產品組成的綜合市場，因此，投資黃金基本上不像投資其他產品，如股票、期貨、外匯那樣具有一致的交易對象及交易方式，投資黃金可供選擇的產品形式相對較多。所以投資者在做出投資決策時，應該根據自己的實際需要和產品的特點進行有效的選擇，使之達成最佳的結合。選對黃金投資品種，是投資成功與否的一個先決條件，也是獲得投資收益的有力保障。黃金市場上的投資品種主要有金條、金塊、金幣、紀念金幣、黃金存摺、黃金飾品、黃金期貨等。

1. 金條和金塊

最普通的黃金投資品種當屬金條和金塊了。購買金條和金塊雖然也會向投資者收取一定的製作加工費用，但通常這筆費用是比較低廉的。只有那些帶有紀念性質的金條或金塊，加工費用才可能會比較高。此外，金條和金塊的變現性非常好，通常在全球任何地區都可以方便的買賣，大多數地區還不用繳納交易稅。不過投資金條和金塊也有缺點，那就是會占用較多的現金，有一定的保管費用，並要考慮其安全性。

2. 金幣

說起金幣，總的來說與金條和金塊的差別並不大。投資者在購買金幣時，一定要注意金幣上是否鑄有金幣面額，通常有面額的純金幣要比沒有面額的純金幣（章）價值高。投資金幣的優點在於它的大小和重量並不統一，因此投資者選擇的餘地比較大，本金不多也可以用來投資，並且金幣的變現能力也很強，不存在兌現難的問題。投資金幣的主要缺點是保管困難，比如不能讓純金幣受到碰撞，否則會變形；對原來的包裝要盡量保持原狀，否則在出售變現時有可能會遇到困難等等。

3. 紀念金幣

一些錢幣愛好者比較喜歡投資紀念金幣，紀念金幣具有較強的收藏價值，但是紀念金幣在二級市場的溢價一般都很高，往往遠遠超過了黃金材質本身的價值；而且，錢幣市場的總體行情是牛短熊長，如果在行情較為火爆的時候購入，那麼，等到熊市來臨時，投資者的損失會比較大；此外，與投資純金幣或金條和金塊相比，投資紀念金幣還需要有紀念金幣方面的專業知識，否則，這種投資行為是比較盲目的。

4. 黃金存摺

從發展趨勢來看，黃金存摺將是未來個人投資黃金的重要方式，也是國際上比較流行的投資方式。投資黃金存摺既可避免儲存黃金的風險，又可透過黃金帳戶買賣黃金。而且，投資黃金存摺對投資者的資金要求也比較靈活，是一種比較好的投資方式。

5. 黃金飾品

從投資的角度看，投資黃金飾品的風險較高，不過黃金飾品也有其突出的優點，其美學價值比較高。投資黃金飾品最好不要選擇黃金首飾，因為黃金首飾的價格在買入和賣出時相距較大，而且許多金首飾的價格與其內在價值差異較大。畢竟把一塊金塊做成金飾，金匠或珠寶商在加工過程中要花不少心血，而且在生產出來之後，作為一種工藝美術品，要被徵稅，在最終到達購買者手中時，還要加上製造商、批發商、零售商的利潤。整個過程中的所有費用最終都將由消費者自行承擔，其價格當然要超出金價本身許多。

6. 黃金期貨

黃金期貨是一項高風險高收益的投資，要求投資者有很強的風險承受能力及高超的操作技巧。因此，風險承受能力不高、期貨操作能力低下的投資者，最好不要投資黃金期貨。

讀者互動

問：金銀常用的重量單位盎司與克該怎樣換算呢？

答：盎司也稱英兩或兩，是美英計算重量單位之一。國際上買賣黃金、白銀等金屬，一般都是以盎司計算重量。

新手投資黃金三大注意事項

近幾年來，伴隨著黃金市場的持續走俏，不少以前從未涉足過黃金投資領域的投資新手們也紛紛加入了投資黃金的行列。作為新手，投資黃金有許多事項要注意，但其中有三點必須牢記在心。

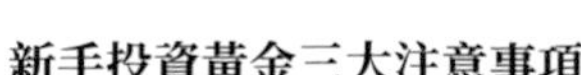

一要提前做好炒金的知識儲備及心理準備

只有做好一切準備，才有足夠的能力應付投資過程中可能會遇到的各種風險，這一理論普遍適用於投資市場，投資黃金同樣如此。通常來說，黃金市場的開放程度介於外匯和股票之間，投資黃金既不能像外匯理財那樣，一心關注國外的政治形勢；也不能像炒股那樣，兩耳不聞窗外事，眼裡看到的只有金融市場的變化。作為炒金者，既要關注國際形勢，尤其是美元的匯率變動，又要關心金融市場，例如炒金相關的變革性規定，因為這些都將是影響金價的因素。

二要注意選擇所投資的黃金品種

這點我們在前文中反覆提到，總的來說，投資黃金主要分為實物交割的實金買賣和非實物交割的黃金憑證式買賣兩種類型。其中，黃金憑證式買賣俗稱「黃金存摺」，其交易形式類似於股票、期貨這類虛擬價值的理財工具，投資時須明確交易時間、交易方式和交易細則；實物黃金的種類則比較多，對於不同的種類，黃金的投資技巧也大不相同。大多數實物黃金品種的買賣要支付保管費和檢驗費等交易費用，因此成本略高。

三要緊密結合自身的財務狀況和理財風格

投資黃金與投資基金、股票等其他理財類產品一樣，也要緊密結合自身的財務狀況和理財風格。也就是說，你投資黃金的目的要明確。你是打算在短期內投資賺取差價呢？還是把它當做個人綜合理財中風險較低的組成部分，為的是對沖風險並長期保值增值呢？報以不同的目的，往往會有不同的投資形式和操作方法。但對於大多數並不專業的投資新手而言，投資黃金基本上要以長期保值增值的目的為主，更適合進行中長期投資。

讀者互動

問：個人投資黃金占投資總額的多少比較合適呢？

答：黃金是抵禦中長期風險的最佳投資品，但投資黃金的風險低，其投資報酬率也相對較低。黃金投資不像其他投資可按期分紅，黃金不僅沒有分紅，有時還需向銀行繳納保管費或手續費。因此，炒金很難獲取暴利。因此，黃金投資在個人投資組合中所占比例不宜過高，國際上一般認為黃金占家庭投資資產的百分之五至百分之二十比較合理。

確定適當的黃金投資期限

都說黃金是長線抵禦風險的最佳投資品，面對目前的黃金投資熱，「九年級」切忌不可將投資黃金當成一本萬利的賺錢途徑，而應根據自己的實際情況給黃金投資定一個適當的期限。

一、長線投資

對投資者而言，如果對國際黃金市場價格變化還無法掌握，又希望給自己的資產增加一定的安全性，就可以選擇長線投資。

一般來說，長線投資黃金都是作為長時間的儲蓄囤積黃金，主

要是基於政局或戰亂的考慮，還有部分是為了防範通貨膨脹對自己資產的不利影響。長期投資黃金的投資者一般不會輕易清空自己的黃金存貨，除非遇到萬不得已的情況，這與那些見價格合適就賣出而賺取差價的投資者有很大的區別。

投資指南：

長線投資可選擇實物黃金。一般來說實物黃金可分為投資型和收藏型兩大類。其中，投資型金條只具有貨幣保值作用，而目前市場上的賀歲金條、紀念金條等都屬於收藏型金條，具有收藏價值和觀賞性，並且可以作為禮品贈送給親朋好友，具有保值和消費雙重功效，不過收藏型金條的變現能力比較差。

依據國際慣例，評判投資型金條優劣的依據主要包含以下幾個方面：首先是信譽，包括了發行機構的背景、經營歷史、發行管道等；其次是金條能否即時回購；第三就是買入時的手續費以及回購時的手續費。目前，並不是所有銀行的投資型金條都有回購服務，因此，在條件相似的情況下，不妨選擇那些可以回購型金條交易品種。

二、中線投資

如果投資者是為了獲取一定利潤，並使自己的投資多元化，則可以定位於黃金市場的中線投資。

從某種意義上講，選擇中線投資黃金的人士，才能算是真正懂得投資的人士。中線投資者一般只會在黃金價格低位時買入，然後在高價處沽出，從而獲得買賣之差價，擴大投資的利潤。中線投資者與長線投資者有所不同，中線投資者只會在對未來的金價進行預測以後，在能夠預期實現其投資利潤的時候才會進行黃金投資。當黃金價格到達自己滿意的價位時，中線投資者就會把手頭的黃金拋出，可能在幾個月的時間裡就將自己的資金收回，而不會長時間的持有黃金。

投資指南：

中線投資可選擇黃金存摺，投資者要先在開辦此業務的銀行開設投資帳戶。買賣黃金均不需要經手實物黃金，而是由銀行在投資者的黃金帳戶上做增加或減少的記錄進行結算，並且隨著黃金交易所的市場價即時變動。

三、短線投資

對於那些對國際黃金市場和市場變化有較好的專業知識的投資者來說，可以嘗試中短線投資。利用價格的波動，賺取差價。換句話說，希望從黃金價格的短期波動中獲得收益的投資者，應該學會以全球化思維來做投資。

短線投資黃金者對黃金抱的是投機態度，希望能在最短的時間裡獲得最多的利潤。一般這類投資者只會參與黃金期貨和黃金保證金交易等。雖然說短線投資黃金帶有很大的風險性，但同時帶有極大的投機性，如果操作得當，能夠在很短的時間內獲得很可觀的利潤。

投資指南：

短線投資可以選擇黃金期貨和黃金保證金交易，當然，這類投資只適宜比較專業的投資者，尤其是黃金期貨，並不適宜一般投資者參與。

其中，黃金期貨交易和一般的商品和金融工具的期貨交易一樣，買賣雙方先簽訂買賣黃金期貨的合約並交付保證金，規定買賣黃金的標準量、商定價格、到期日。在約定的交割日再進行實際交割。一般不真正交貨，絕大多數在合約到期前對沖掉了。

黃金保證金交易是指在黃金買賣業務中，市場參與者不需對所交易的黃金進行全額資金劃撥，只需按照黃金交易總額支付一定比例的價款，作為黃金實物交收時的履約保證。黃金保證金交易主要有三大功能：第一是價格發現；第二是套期保值；第三是投機獲利。可以說， 黃金保證金交易是一把雙刃劍，當用金商或產金商需要對現貨進行規避市場風險的套期保值時，不需占用大量資金，只需支付一定比例的保證金，作為實物交割時的擔保即可。這種交易手段減輕了投資者的資金壓力，但是與其同時，往往會帶來很大的風險，投資者如果將套期保值數量盲目的投機性放大，一旦決策失誤，會招致企業的重大虧損甚至破產。

讀者互動

問：投資黃金和鉑金哪個更保值呢？

答：世界貨幣都是以黃金作為衡量的，黃金在國際支付、國家儲備方面也有非常重要的地位；而鉑金是一種品質相當高的金屬，主要被用來製作高檔首飾。儘管鉑金非常稀少，開採和加工的難度相對較高，但是在保值方面還是黃金略勝一籌。

明確黃金投資的動機

做任何事情之前都要明確自己的目的，投資黃金同樣如此。一般來說，投資黃金的動機主要放在保值、增值方面。黃金的特殊性使其成為一種保守型的投資工具，當經濟形勢上升時，金價不漲；而當經濟形勢走低時，金價上漲。

正因如此，黃金的功能更展現在其安全性和保值性上，它可以保證投資者已有的收入不被長期存在的通貨膨脹所吞噬。黃金作為投資組合的一部分，達到了均衡投資收益、分散投資風險的作用。我們都知道，投資股票的收益較高，但是與其高風險是相匹配的。當然，選擇股票還是黃金，關鍵還是看投資者的投資需求和風險承受能力。黃金投資的缺陷就在於它沒有黃金利息。但黃金畢竟是無論哪個地區、哪個時代的投資者，都會認同黃金的價值。這點是其他投資方式難以相比的。

除了保值的作用外，黃金還能實現增值。正是由於黃金價格的不斷波動，決定了黃金具有投資價值，投資者可以利用這種波動買進賣出黃金，從而賺取其中差價。而很多投資者之所以不知所措，很重要的一個原因就是他們當初只是在關注黃金價格的變化，而忽略了黃金投資的動機，直接導致投資者在黃金投資中盲目做多。

因此，投資者在入市之前，一定要考慮清楚自己投資黃金的動機是什麼，究竟是為了賺取黃金波動的差價？還是為了純粹保值？或者是兩者兼而有之，這些都值得在投資黃金之前好好想一想。

之所以要先確定投資動機，是因為這將直接導致你的投資策略。如果你是以保值為目的的投資者，那麼就應該以實物黃金為投資標的，如投資型金條等，不妨將其作為自己主要的投資品種。

對於純粹以投資為目的進入黃金市場的激進型投資者來說，如果採用上述策略，不僅不能達到賺錢的目的，還有可能損失機會成本甚至是本金。對於這類投資者而言，最好選擇「黃金存摺」，特別是與國際市場金價直接掛鉤的「黃金存摺」。

而對於中間型投資者，則最好堅持穩健投資、見好就收的原則，選擇一些黃金存摺與實物黃金相結合的產品。

以市場走勢來看，有時金價的波動已經非常之大，如果操作不當，很有可能遭遇在金價高價入市中不能脫身的尷尬境地。更為重要的是，如果所選擇的標的不是和國際金價接軌的理財產品，即使你看到國際金價正處在下跌趨勢中，也沒有辦法拋出，而當你準備拋出的時候，往往會遇到黃金一開盤就跳空低開的情況，這樣連停損的機會都沒有了。

讀者互動

問：通貨膨脹與黃金價格有關係嗎？

答：以往的經驗證實，黃金價格與通貨膨脹率的走勢呈正比關係，大體上是通貨膨脹率很高的時候黃金價格也處於高位，而當通貨膨脹率下降時黃金價格也下滑。例如上個世紀一九七〇年代出現高通膨、惡性通膨時，黃金價格也出現了持續大幅上漲；而自上個世紀一九八〇年代通貨膨脹率持續下降後，黃金價格也經歷了近二十年的熊市。

順勢而為，分批買入

席捲全球的金融海嘯餘波未了，對世界各國經濟造成了不同程度的影響，但與此同時，黃金這一個相對安全、保值的交易品種也逐漸變成了備受世人矚目和青睞的投資焦點。如何進行理性投資，如何讓自己的黃金資產保值、增值呢？我們可以簡單歸納為四「要」四「不要」。

一、要「順勢而為」 不要「螳臂當車」

順勢而為是其他各類投資的基本原則，投資黃金也不例外。作為「九年級」黃金投資者而言，我們沒有改變市場大勢的能力，那麼，我們就只能去順從它。合適的順勢而為能夠讓你的黃金投資事半功倍，逆勢而上則無異於螳臂當車，後果可想而知。

回顧金價歷史上幾次明顯的波動性調整，幅度大多都在八十美元上下，如此大的波動幅度凸顯了黃金價格的特性。在黃金價格發生變動的波段區間內，順勢而為的投資方式便派上了極大的用場。這裡的「順勢而為」講究的是中、長線投資，很適用於我們這樣的非專業人士。如果排除技術層面的干擾，僅依靠基本面資訊，能讓

我們更容易掌握市場大勢，順勢而為、理性投資。

二、要「分批建倉」不要「一步到位」

每個黃金投資者都希望自己的投資是在最低位時進入，最高位時拋出，但事實往往並不盡如人意。因此，我們應該摒棄那些脫離實際的想法，採用分批買入的操作技巧，讓自己的買入價格無論何時都處於一個相對較低的水準，這對於黃金投資者者來說是至關重要的。「一步到位」只是一種理想，也是很多黃金投資新手的一大弊病，希望能一次性建好倉，不給自己留下任何餘地。俗話說從一元賺到十元也許需要十次，但從十元虧到一元一次就足夠了。分批買入其實也是這個道理。分批建倉可以有效分散投資風險，避免因一時糊塗而後悔莫及。

三、要「控制倉位」不要「滿倉操作」

從某種意義上說，控制倉位，就是在控制自己的欲望和衝動。而合理的控制倉位，就是能夠較好的控制自己的投資衝動，讓投資行為更理性、更禁得住推敲。保持一個合適的倉位是獲利的重要因素之一。正所謂「欲速則不達」，如果進行滿倉操作，實際上就是一種急功近利的做法，如果能夠控制住倉位，即便黃金價格跌得再厲害，也不會虧損太多。同樣的道理，如果選擇滿倉操作，即便發現此波行情不錯，也沒有其他資金可用來投資，就只能望「金」興歎了。

四、要「堅決停損」 不要「當斷不斷」

投資股票時，設定停損點很重要。投資黃金時，停損點同樣重要。在投資之前，最好設定一個停損點，如果發現行情持續向不利於自己的方向發展時，就有必要當即對這次投資進行堅決的停損。優柔寡斷、當斷不斷，只會讓自己越套越深。無助的等待解套是相當被動的，不僅占用了大量資金、錯失了其他更好的獲利機會，還影響了之後的操作心態。因此，與其被動套牢，不如主動停損，暫時認賠出局觀望。與其說停損是各種投資方法，不如說停損是一種策略技巧，再成功的投資者也不可能對每一波行情都預料無誤，而只有懂得停損的人才有可能成為真正的成功投資者。

讀者互動

問：在做現貨黃金交易中常有對沖一說，這是什麼意思呢？

答：這是相對於其他投資管道而言的一種黃金投資方式的叫法，比如你手中持有大量美元，通常情況下，美元下漲，黃金上漲。你擔心手中的美元會下跌，那麼會考慮買入黃金對沖美元的下跌風險。這樣，如果美元下跌了，那麼黃金就會上漲，彌補美元的損失，同樣的道理，美元上漲了，會對沖掉黃金下跌的損失。

黃金投資長期避險功能強

目前，疲弱的 A 股市場和正在國家密集調控下的房地產市場，

讓不少投資者望而興歎，人們的目光逐漸轉向了處於歷史最高位的黃金。黃金向來有「硬通貨」「穩定器」「天然貨幣」的代稱，在市場動盪中，由於黃金是唯一非信用資產，其保值避險功能非常突出。但是投資黃金的保值功效是相對的，黃金價值永遠不會像其他信用資產那樣突然滅失，同時投資黃金可有效平抑其他資本投資的風險投資黃金黃金投資並不存在「絕對保值」，更不可能只賺不賠；相反，目前階段「炒金」必須面對三大風險：

首先，「炒金」存在入市時機風險

若金價已達到歷史最高峰，如果盲目入市「追高」，很可能會被「套牢」。

其次，金價波動風險越來越大

金價在高位運行時期，大漲大跌機率激增，而且歐元區主權債務危機前景不明，地緣政治局勢叵測的階段，包括美國經濟資料喜憂參半，任何風吹草動就可能導致金價發生大漲大跌，投資者很難掌握。

第三，黃金投資操作風險

熟悉黃金市場的投資者並不多，除了實物金條、黃金存摺等參與技術門檻較低以外，主流黃金投資方式黃金期貨、黃金延期交易，都具有七倍至十倍的槓桿，並可雙向交易。從股市轉戰金市的投資者，通常很難掌握其瞬息萬變的操作方法，一旦出現投資方向性失誤，就可能出現超額損失，風險極大。

針對以上風險，普通投資者可將黃金作為中長期保值資產來投資，而非短期套利；而對於初入金市的「九年級」，可選擇實物投資金條，作為家庭資產分配的一部分，有效減少風險。

讀者互動

問：基金、股票都有定投一說，可以規避風險，那麼投資黃金有定投一說嗎？

答：基金定期定額因其低門檻、平攤成本的特色已經為廣大投資者所接受，黃金也有定投一說。雖然從去年開始，黃金價格持續上漲，但是，目前黃金市場整體波動還是比較大的。所以，投資還是需要比較謹慎。如果採取定投的方式投資黃金，可以大大降低黃金價格波動所帶來的風險。

第 9 章　投資健康篇

—— 保養好身體才最保值

健康需要維護和投資

隨著人們生活品質的提高，現代人越來越重視自己的健康，這說明健康的重要性已經逐漸凸顯出來，並被現在人們所認同。

健康是人們每天生活愉快的必要條件，它是您日復一日的生命旅途中的第一目標，是進行其他一切工作的前提。曾經某著名作曲家曾對健康的重要作了一個生動的比喻：健康「1」，幸福、快樂、事業、發展、金錢都是「1」後面的零，如果有了「1」，後面的「0」才有意義，事業成功了您擁有了「10」，家庭的幸福使您擁有了「100」，您還可以擁有更多，擁有一千一萬，但是如果沒有「1」，後面再多的「0」都無意義。這個人的公式和法則將健康的本質淋漓盡致表現出來。

健康獲得需要維護

當一個人在健康的時候，往往意識不到健康的重要性。像有的人仗著自己年輕體壯，不注意有勞有逸，工作起來廢寢忘食，晝夜兼程；平時吃飯飽一頓餓一頓，毫無規律；很少參與一些戶外運動，不知不覺中抵抗力就下降了，身體越來越差，導致青壯年的年齡，亞健康的身體。更有一些經濟上比較富裕的人群，三天兩頭泡在宴席上，雖然吃遍山珍海味，但是時間長了也會吃出疾病，影響健康。曾有一分對某地近百位企業家的營養調查，這些平均年齡不到五十歲的青壯年人，非但患高血脂症、糖尿病等的比例較高，而且還有部分有存在不同程度的貧血。

現在「三個提前」（提前衰老、提前疾病、提前死亡）現象越來越嚴重，更多的人開始意識到健康的重要性。其實，健康的身體一方面靠良好的體質，另一方面自我保健、自我健康投資占到60%的份額，日常生活中的環境汙染、生活方式改變、飲食結構改變才是威脅健康的「真正元凶」。

正所謂，我們照顧身體五十年，它也會照顧我們五十年；我們折磨它五十年，它會折磨我們二十年。如果把健康當成一個戶頭，而我們總是透支，不做投資，那麼早晚有一天健康也會破產。而健康是可以經營的，老闆就是自己。擁有健康不代表擁有一切，但失去健康就會失去一切，願每個人都能經營和管理好自己的健康。

健康需要投資

對於健康，應該把它看成是「投資」，換句話說，並不是到了哪一天，你去運動一下，身體就健康了，就不生病了；或者你吃個什麼「補藥」就馬上能健康了，不生病了。獲取健康需要一個漫長的過程，逐步形成一個人身體健康的素養。因此，中青年時期是非常重要的，甚至有很多醫學家和養生學家都說，應該在年輕的時候，在兒童的時候，就關注自身的健康，越早關注獲益越早。

現在很多中青年人忙著他們的事業，常常忽略了自己的健康。有的人應酬很多，高脂肪的飲食吃得很多，酒也喝得很多，抽菸也是一根接著一根，工作很忙，夜以繼日，不注意休息，沒有有勞有逸，導致身心疲憊。還有的人缺少運動，心理不平衡，這些都為今後的「不良生活方式」寫下「伏筆」，形成「禍根」。中年人應該養成一個規律的、健康的生活行為。中年人，在事業上越有成就，家庭壓力越重時，就越應該做好自身健康的防護問題。

現在起，應該為自己累積健康，為家庭累積健康，為事業累積健康，為國家累積健康，對一個人來說，保持健康比累積金錢更重要。

讀者互動

問：健康投資的種類都有哪些呢？

答：目前健康投資的種類非常多，中醫保健、營養、運動、音樂等每一種都有獨到的內涵和特點，適合不同的人。不過，在日常生活中進行的健康投資，如健康體檢、運動、飲食養生等活動必須是一種持續性的行為，缺乏持續性的健康投資沒有意義。

健康投資，只在平常的心

健康是其他一切投資的基礎。不過健康投資與其他資本投資在本質上有所不同，對於金融投資或是投資理財來說，今年投資多一些，明年的報酬就會多百分之五、百分之十、甚至翻倍。但身體健康卻沒有這樣的投資概念。不能說你今天投五萬，明天再多投十萬，那身體肯定就會好一倍或是兩倍。而且，健康投資不僅僅是去一些專業的健康機構或醫療機構，更重要的是自己的運動和心理調節。換而言之，健康的投資不完全指花錢，更重要是一種健康的生活狀態和觀念。

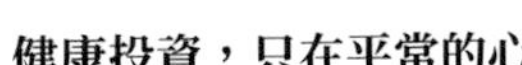

投資是時尚，從投資股票、固定資產投資，到教育投資，讓人眼花繚亂。

投資是陷阱，從千奇百怪的故事中，洋溢著夢，失落著夢。

股票套牢了，開店關門了，連最保險的國債投資，也敵不過物價的成長。更別說下一代的教育投資，苦了自己，幸福了教育事業。

唯獨健康投資，不可偏廢。投資健康，就是投資未來。也只有擁有了健康，才能實現暢懷大笑的夢境。

一說到投資健康，常令人想起的是營養保健、強身健體。來個冬令進補，辦一張健身房年卡，也是不錯的選擇。

只是請記住：健康不僅僅是沒有疾病，更多的是心理、生理的愉悅和安寧。

當你在酒桌上，量力而拒絕一次爽飲，避免了一次酒醉，其實在為健康加分。

在花鳥市場，買一盤綠色植物，給家添一份綠色，從而能夠足不出戶感受大自然，這也是在為健康投資。

你放下一切，偶爾睡個懶覺；也可以去戶外感受一下大自然，晒一晒太陽；去牙科做口腔諮詢，洗一洗牙；多笑幾聲，這一切，都是對健康最好的投資。

原來，投資健康不在財富多少，只在平常的心。

古人有一句話，冬日蘿蔔賽人參。是啊，在冬日裡，你吃不起人參，就吃吃蘿蔔吧；玩不起名山盛水，就去戶外散步；沒錢做健身年卡，打不起高爾夫，就日行幾公里吧。

沒聽說高爾夫打得好的是長壽冠軍，更沒有聽說運動員一定健康長壽。倒是山間的老者，默默無聞的街坊，時不時活過百歲。

只是知道，沒有健康，就無法安心工作賺錢，更少了一種談笑的資本。

不管你有沒有錢，有沒有疾病，或者其他，你都需要對健康投資，為了自己，也為了家人。

讀者互動

問：平常心態說起來容易做起來難，我現在沒日工作繁忙，經常會感到煩躁不安，我該怎樣保持平常心呢？

答：現在社會有一種說法叫做情緒感冒，其實指的就是情緒出現了波動，而這都是壓力造成的。在生活中，每個人都會碰到一些事件，當這些事件和環境情況超出了人們所能承受的範圍，就形成了壓力。壓力本身並不會直接傷害人，但如果不及時治療，就會導致一系列嚴重的健康問題。你可以嘗試分析壓力的來源，實事求是面對，不要躲避，也不要不當一回事，努力尋找解決辦法。或者在累的時候聽聽歌，看看書，使自己的身心得到放鬆。

投資健康才能贏得未來

如果說「有了健康就有一切」不免有些武斷，但是，如果說「沒有健康就真的沒有了一切」，相信不會有人反對。然而投資健康

的重要性，許多人還沒有意識到：

有的年輕人花錢時十分大方，買很貴重的名牌衣服，而且不當回事，喜歡就買了，不喜歡就淘汰了。什麼皮爾·卡登，什麼鱷魚牌，兩三千塊錢的衣服，上萬塊錢的手錶，付款的時候，眼睛都不眨一眨，一點也不覺得心疼。但是，如果讓他花點錢投資健康，他卻真是捨不得，有時看一趟病，做一次體檢，花了幾千塊錢，就心疼死了！

還有些人甚至連看病、檢查身體的時間都非常吝嗇。讓他去參加體檢，他就說：「忙，抽不出時間。」事實呢，請人吃一頓，唱一次卡拉 OK，打幾圈麻將，山南海北胡聊一通，坐在電視機旁一坐就是四五個鐘頭、滑手機幾個小時……都有時間，唯獨沒有體檢的時間，沒有鍛鍊身體的時間。

這個理念需要改變。無論對於任何人來說，健康都是最重要的事情。健康沒有了，穿什麼也不好看，吃什麼也不香，做什麼事也不快樂。但是，很少有人願意自費花錢檢查個什麼專案，有時僅僅需要花費幾百塊錢。反正在沒有得病之前，很少有人願意把錢花在維護健康上面。

還有一些人，常年血脂高，或者是血糖偏高，或者特別胖，但是他們一點也不著急、不在乎，一到吃飯的時候，什麼也不管不顧，大魚大肉照吃不誤。其實，有的時候只要在生活方式上稍加注意，就不會變成糖尿病了。可是問題是他還在那裡亂吃，結果眼看著變成糖尿病、高血壓或冠心病病人了。

說起為健康投資，並不是說偶爾去運動一下，身體就健康，就不生病了；或者吃個什麼「補藥」就健康，不生病了。它需要一個漫長的過程，逐步形成一個人身體健康的素養。因此，很多醫學家和養生學家都說，應該在年輕的時候，在兒童的時候，就開始關注自身的健康，比如：要預防冠心病，就要從小的時候開始注意。當今社會，到處都是「小胖」，而且都是吃出來的，現在也許沒什麼大礙，但是今後他們可能早早就會發生動脈硬化、血脂異常、高血壓、冠心病這些問題。

因此，要想投資健康，就有遵循養生之道，總的原則就是：平衡膳食、戒菸少酒、適度運動、心理調適。

這裡的平衡就是健康，而不平衡就是疾病，包括生理上和心理上的疾病。因此，需要每一個人經營健康，管理健康，投資健康，進行自我保健，從維持自身的平衡做起。

生理上要平衡，心理上更要講求平衡。那麼，怎樣保持情緒穩定呢？我認為，一方面要用良好的情緒面對生活，另一方面要克服那些不良情緒的產生。

膳食也要講求平衡，烹飪時要注意平衡，葷素平衡，酸鹼平衡，魚肉蛋奶和蔬菜水果平衡，油膩與清淡要平衡。平時一桌子菜上來，都要講究配餐的平衡。

運動要適度，但是一定要堅持，最好能夠培養一種自己有興趣的運動，比如游泳、乒乓球、打羽毛球，有了興趣運動就更容易堅持下去，否則總會感到枯燥。總之，從思想上走出盲點，能動盡量

動，這是預防生活方式病最好的處方。

讀者互動

問：怎樣克服不良情緒的產生呢？

答：首先要培養一些幽默感，也就是能在一些氣氛緊張的環境中，用一些輕鬆的語言，去克服一些不良的情緒狀態；其次要增加愉快生活的體驗，經常想自己過去的成功，以及所做的有益的事情等等，多想一想高興的事情；第三是使自己的情緒獲得適當表現的機會，即適當的宣洩；最後是善於從光明一面觀察事物，「塞翁失馬」的故事告訴我們，只要善於看到事物有利的一面，就會不斷保持平靜的心態。

投資健康就是最大的節約

美國的一項研究結果：在過去的一個世紀中，美國人的平均壽命增加了三十年，也就是說，現在的美國人可以比一九〇〇年的美國人多活三十年，但是美國醫學高科技化只延長了美國人五年的壽命，對美國人的健康長壽貢獻並不大，是什麼原因使現在的美國人比一九〇〇年時的美國人多活了二十五年呢？

後來，終於找到了答案：美國人總體上健康長壽的原因就是，許多美國人一生都在不斷的進行健康投資，個人家庭健康投資使大多數人從小養成了良好的健康習慣，增進的全民的健康素養，最終促成了美國人整體的健康長壽。

這個實例足以讓我們看清投資健康的重要性。世界銀行對全球衛生發展狀況有這樣的論點：良好的健康狀況可以提高個人的經濟生產力，投資健康是加快發展的一種方式。在現實生活中，只有我們嘗試改變一種生活方式，會突然發現，生活很美好。

一、放慢你的快生活，調整身體節奏

隨著社會的發展，現代人的節奏變得越來越快，尤其是越有能力的人，越慢不下來。無休止、不間斷的工作，快節奏的生活，讓人如同一個旋轉陀螺越轉越快，那種壓力壓的讓人喘不過氣來。其實你可以嘗試放慢你的快節奏生活，體驗一下慢生活帶來的愜意。慢工作、慢吃飯、慢運動、慢休閒、慢閱讀……此時放慢生活，是在慢節奏的運動中蓄積能量，快樂的迎接美好的每一天。

二、健康管理是一種新生活態度

越來越多的人認識到了健康的重要性，於是很多人在生日時，受到的不再是珠寶和奢侈品，而是一張健康體檢卡。但是如果到醫院掛號排隊健康檢查，費時費力費錢。建議你不妨選擇就近體檢，現在很多社區、健身房、藥局即可免費血壓檢查，隨時掌握自己的健康狀態。這裡宛如家庭般的舒適溫馨，方便又快捷。健康檢測不再是醫院病人專屬的需求，它已成為現代人的一種自覺行為，一種善待自己、善待家人的健康生活新態度。

三、躺在家裡就可以享受安全的日光浴

萬物生長都要靠太陽，經常晒晒太陽對身體有極大好處，但是

如果享受不當卻會遭受傷害。陽光中的紫外線，長時間照射下，會晒黑、晒傷肌膚，但是陽光中的遠紅外線，卻是生命的光源，對人體益處多多，這種既期待又怕受傷害的心情，實在左右為難。現在在一些美容會館裡，會有專門的遠紅外線設備，彷彿一個個人專屬的天然日光浴場，讓你躺在家裡就可以享受日光浴，沒有紫外線的困擾，想怎麼晒就怎麼晒。出汗的效果，甚至比激烈運動更健康，比汗蒸還科學、更衛生。

四、天然食物元素成就品質生活

俗話說，吃得好不一定就吃得對。作為健康的不二法則，一要有正確的飲食觀念，二是要攝取足夠的食物元素。因此，在正常飲食之外，要想擁有一個健康的身體，食物元素的補充尤為重要。伴隨全世界宣導的天然與綠色浪潮，純天然、無汙染的食物元素逐漸受到人們青睞。

五、用音樂學會沉思

音樂可以舒緩人的情緒，而冥想是一種靜思或沉思的形式，聆聽音樂冥想能讓你的血壓下降、脈搏降低、睡眠更安穩，緩解身體緊張，還可以達到平復情緒、舒緩心理壓力等效果。音樂冥想，簡單、實用。甚至在睡覺的時候都可靠音樂隨時放鬆您的身心靈。音樂冥想就像一塊磁鐵般吸引著越來越多的上班白領和年輕人，加入到沉思、靜心、禪定的行列中。

讀者互動

問：我很想嘗試靠音樂冥想放鬆自己，那麼，音樂冥想都包含哪些內容呢？

答：水之冥想（將心靈焦點放在沁心的水聲上，雨聲拉開了曲子的序幕，漸漸變為小溪，再慢慢增強為河流至壯闊瀑布，最後則是浩瀚的浪潮聲）、鳥之冥想（將心靈焦點將只放在悅耳的鳥鳴聲上，優雅的樂音為鳥兒提供美麗的情境氛圍並為其天籟歌聲與曲子完美結合讚歎不已）、笛之冥想（將心靈焦點集中在笛聲上，並特別專注，於與這些音聲融合為一的呼吸）、森林冥想（將心靈焦點幾種在森林中多彩多姿的各種音聲一次選擇只注意一種聲音）、音樂冥想（一處豐富多樣的音樂情境，因此一次聽到全部或只聽一種樂器）。

健康投資從體檢開始

也許你每月都要定期為自己做些事情，如定期購買衣服，定期為汽車做保養，定期修剪髮型……但是，在身體沒有出現明顯病狀的時候，你定期做健康體檢了嗎？

認識盲點：健康體檢可做可不做

某醫院體檢中心的統計資料表明：該醫院體檢中心去年一共為十二餘萬人進行了健康體檢，這其中團體組織體檢的人數占了三分

之二以上，雖然個人自掏腰包體檢者正在增多，但這一部分人的數量還相當有限。

還有調查機構對該市的一些年齡在二十至五十歲之間的上班族進行了一次調查，被調查者從事的職業包括電腦軟體、銷售、設計、媒體廣告等。結果顯示，超過百分之四十的人都表示自己的身體或多或少有些小毛病，如胃病、缺鈣、貧血、頸椎痛等，但是其中選擇定期做體檢的人卻不足三成，而剩下七成人不去做體檢的主要原因是「沒時間體檢」、「沒有想到要做體檢，生病了直接去看病就是了」、「體檢費用過高」。

任職於廣告公司的小唐說：「以前參加健康體檢，一直都是公司組織的。自從去年換了工作之後，新公司沒有統一組織員工體檢，我也就沒有再去體檢。平時我自己除了有點胃病之外，基本上沒有什麼大問題，所以對定期做健康體檢不是很在意。」

相信與小唐抱有同樣想法的人並不在少數，他們並沒有認清健康體檢的實際作用。市某醫院健康管理中心的胡主任提醒大家，健康體檢是在身體健康時主動到醫院或專門的體檢中心對整個身體進行檢查，主要目的是防微杜漸，及早發現是否有潛在疾病的隱患，以便及時採取預防和治療措施。

定期做健康檢查可以及時了解自己的身體狀況，因為有些疾病並無明顯症狀，如果不去做健康體檢，等到病情惡化後才發現，那後果已是非常嚴重了。比如：高血脂症就無明顯的症狀，它是動脈硬化形成的主要原因，而動脈硬化又可能會誘發高血壓病、冠心病；腦出血和腦梗塞、隱性冠心病也無症狀，可是一旦突然發病，甚至可發生無痛性急性心肌梗塞；百分之八十的肝血管瘤和肝、腎囊腫等也無明顯症狀，但如果遇到外力撞擊病變局部時，可能會發生瘤體或囊腫破裂，從而導致急腹症危及生命。因此，透過體檢可發現潛藏在身體內的無症狀疾病，並採取相對的治療或防護措施，以免病情惡化。

此外，定期進行體檢，還可以了解原有疾病的變化情況。有些人雖然知道自己患有某種慢性疾病，但不知道目前的病情如何？疾病發展成什麼樣？透過體檢，可以詳細的了解真實情況。舉例來說，如膽結石，經超音波檢查，與前一次檢查進行比較，就可知道是增大了或是已經排出，還是沒有變化；再比如高脂血症、高血壓病和糖尿病等，患者服用降脂藥、降壓藥、降糖藥一段時間後再進行體檢，就能知道血脂、血壓、血糖有沒有下降？下降到了什麼程度？從而為下一步治療提供依據。對原來就患有的疾病，了解了目前情況，如果病情加重，可採取針對性治療；如果病情穩定，可繼續動態觀察。體檢未發現疾病，也可做到心中有數。

正確體檢：請醫生制定體檢方案

體檢者在體檢前，應徵求醫生的意見。因為受家族病史、年齡、嗜好的影響，每個人的身體狀況是不一樣的，不能為了省錢僅僅選擇常規檢查項目中的幾個項目進行檢查，這樣檢查出來的結果是不能反映出整個身體健康狀況的。正確的做法是，體檢者在體檢之前將個人相關情況詳細向醫生說明，醫生進行綜合分析之後，

根據受檢者的身體狀況「量體裁衣」，做出既符合受檢者的體檢專案，又比較經濟實惠的個性化方案。

體檢之後，不要看過體檢報告上的「正常」或「不正常」就沒事了，應該認真聽取醫生的建議。體檢報告中的每一個資料，都是對整個身體狀況的細分。醫生在判斷某種疾病時，往往要參考上年的體檢資料，透過對比，才能判斷是否存在潛在的疾病。因此，每次的體檢報告都應完整保留。如果你罹患了某種疾病，將以往的體檢報告提供給醫生，醫生很快就會制定出治療方案。

另外，不同的年齡階段，參加健康體檢的次數也有所不同。一般來說，三十歲以下的人，如果無家族病史，生活習慣良好，一兩年做一次常規體檢就可以了；四十歲是高血壓、糖尿病等疾病的高發期，對女性來說，也是各種婦科疾病的高發期，此時每年至少進行一次體檢；五十歲至六十歲是各種腫瘤和致死性疾病的高發期，如心腦血管病，這個年齡層的人最好每半年至一年體檢一次；慢性病患者則應該每三個月至六個月做一次相關的病情複診，同時每三個月至六個月做一次全面體檢。目前很多體檢中心都可根據體檢者不同的年齡、職業、生活習慣、既往史及家族史等情況，設計可滿足不同需求的專業健康體檢套餐，如：基本套餐、標準套餐、白領套餐等，消費者可以在專業醫師的指導下選擇最合適的體檢專案組合及服務。

讀者互動

問：體檢前應該注意什麼？

答：一般來說，體檢前三天不應參加聚餐，避免食用太甜、太鹹、太油膩的食物，盡量以素食為主、禁酒。晚上八點鐘後一般要求禁食，並應早睡。體檢當日不吃早餐，空腹進行抽血及腹部超音波檢查等體檢項目。體檢中心安排體檢早餐。具體的要求體檢中心會提前告知。

第 10 章　自主創業篇

—— 我的地盤我做主

最賺錢的性格是什麼

美國某調查機構曾經公布過一組資料。在對待一項新的交易時：

· 其中 80% 都要在給同一個對象打了第五次電話後才能談成。

· 有 48% 的銷售員在打了第一次電話後就失去了一個顧客源。

· 有 25% 的人在打第二次電話後就放棄了。

· 有 12% 的銷售業務代表在打第三次電話以後放棄。

· 有 10% 的人繼續打電話，直到成功為止。

而這 10% 的人正是美國收入最多的一部分人士，與一些名人、公司主管和專業人士並駕齊驅。

由此可見，最賺錢的性格正是執著。執著的性格帶來樂觀的自信、每天的努力和不懈的堅持，成功離不開執著，執著引領成功。

何為執著？字典中的解釋為專注於某一項事情而堅持不懈。執著表現在各個領域、各個行業、各類人員身上。執著是種選定正確目標後鍥而不捨的奮鬥精神，是種促進事業成功的豪氣雄風，是種堅韌不拔的頑強意志，是種人生必備的高尚品質。

「九年級」非常熟悉的武俠小說代表作家金庸先生，在三十一歲時完成了自己的第一部武俠小說《書劍恩仇錄》，三十五歲創辦了自己的報紙。金庸先生手握「兩枝筆」，一枝筆寫武俠，開創江湖，縱橫天下，一枝筆縱論時局，享譽香江，為文可以風行一世，

為商可以富比陶朱，為政可以參國論要。更被人們稱道的是，已年僅八十的金庸與太太一起離開香港，遠赴英國劍橋大學讀博士。金庸一生的傳奇，可謂多彩多姿，文人數千年的夢想，似乎全部在他身上實現。之所以能取得如此的成績，與金庸先生始終懷有一顆不老且執著的追求之心是分不開的。

可以說，執著是成功者出發的集結號，是促進成功的助推劑，是獲取成功的至勝瑰寶，是賺大錢的必備要素。「九年級」要想成功創業，一定要無時無刻培養自己的執著性格，與此同時，還要去除一些影響自己「前途」和「錢途」的不良性格。這些不良性格主要包括：

一、經常抱怨

有些人從來看不到事情的一體兩面，也不會衡量好處與壞處，眼裡只會看到不好的一面。例如經常抱怨就業市場不公平，抱怨定存利率太低，抱怨投資有風險等等。這類人沒有掌控全域的能力，卻總是埋怨環境不好。因此遇到陌生的新事物，則是什麼都不好，什麼都不用了解。最後，這類人也沒有什麼機會。

二、猶豫不決

猶豫不決的原因很多，部分是因為知識不足，大部分則是因為心理面因素。基金市場經常有人為了等待匯率差個兩、三分，而眼睜睜的看市場大漲。市場上漲不敢買，市場下跌不敢賣，等到自己想動的時候，就是賠錢的時候了。

三、膽小怕事

與「經常抱怨」不同，膽小怕事者總認為大小災難即將發生，聽說股市即將大跌，聽說油價還要大漲。我不敢創業，萬一我急需用錢怎麼辦？萬一我不賺錢怎麼辦？

四、貪小便宜

有句古話「貪小便宜吃大虧」，投資同樣如此。例如市場上有兩支類似的基金，一檔基金績效好，操盤技術高明，但費用高；另一檔基金績效較差，但什麼費用都便宜，通常貪小便宜者會覺得「反正兩支基金差不多，買便宜的比較划算」。擁有這種性格者，通常無法致富。

讀者互動

問：我怎樣判斷自己的賺錢性格呢？

答：不妨借鑒以下這個心理測驗。當你心情不好的時候，你會一個人開著車去哪裡兜風散心？海邊、山上、還是市區？選擇海邊的投資者一定要訂定目標才會努力賺錢，否則錢會留不住，這類型的人內心深處是在拔河，他覺得賺錢其實很重要，可是另外一個想法會覺得人生苦短幹麼這麼辛苦，所以如果想要當富翁的話一定要立定一個目標；選擇山上的投資者容易知足，會覺得錢夠用就好，不必太計較，這類型也許不是很有錢，但是精神上卻非常富有；選擇市區的投資者具有默默努力積金成塔的拼命三郎的賺錢功力，這類型的人只要下定決心就會有非常大的開創性，

賺錢的能力比一般人還要強，任何的機會都不會放過。

與什麼樣的人合作能賺錢

二〇〇九年《富比士》雜誌的全球富豪排行榜，五十四歲的比爾·蓋茲仍以五百三十億的資產淨值位於榜單前列。沒有人懷疑比爾蓋茲的成功，據說，曾有機構問過比爾·蓋茲成功的祕決。比爾蓋茲說：因為有很多成功人士與我合作。可見，合作的力量有多大，好的合作夥伴可以協助你在創業的過程中少走很多彎路。

經總結，要想賺錢，與自己合作的人應該具備以下幾個特點：

一、不甘心

在當今這個時代，最大的危機是沒有危機感，最大的陷阱是滿足。人要學會用望遠鏡看世界，而不是用近視眼看世界。順境時要想著為自己找個退路，逆境時要懂為自己找出路。

二、學習能力強

尋找合作夥伴不能單以他的學歷做標準，學歷代表過去，學習能力才能掌握將來。要懂得從任何細節、所有人身上學習和感悟，並且要懂得舉一反三。學、做、教是一個完整的過程，只有達到教的程度，才算真正吃透。而且在更多時候，學習是一種態度。只有謙卑的人，才能真正學到東西。正如大海之所以成為大海，是因為它比所有的河流都低，是一個道理。

三、行動力強

只有行動才會有結果。行動不一樣，結果才不一樣。知道不去做，等於不知道，做了沒有結果，等於沒有做。不犯錯誤，一定會錯，因為不犯錯誤的人一定沒有嘗試。錯了不要緊，一定要善於總結，然後再做，一直到正確的結果出來為止。

四、懂得付出

要想傑出一定得先付出。斤斤計較的人，一生也不會有大的發展。沒有點奉獻精神，是不可能創業的。要先用行動讓別人知道，你有超過所得的價值，別人才會開更高的價。

五、具有強烈的溝通意識

現在社會上經常會聽到一句話「溝通無極限」，這不僅是一個目的，更是一種態度。一個好的團隊當然要有共同的願景，非一日可以得來。需要無時不在的溝通，從目標到細節，甚至到家庭等等，都在溝通的內容之列。

六、誠懇大方

不同的人就有不同的立場，那麼我們不可能要求利益都完全一致。關鍵是大家能夠開誠布公的談清楚，不要委曲求全。相信誠信才是合作的最好基石。

七、做事先做人

這點要求合夥人具有基本的道德觀。正所謂「立業先立德，做事先做人」，做任何事情，都是從做人開始的。古往今來，對人的要求，無不以做人為本。

讀者互動

問：創業是獨資好還是選擇合夥人好呢？

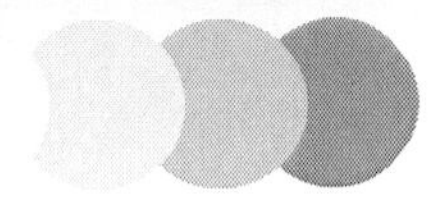

答：創業者是否需要合夥人，並不是隨意決定的，需要對自己準備經營的生意進行分析再做決定。例如：要考慮自己現在準備創辦的企業，目前資金是否到位，是否要透過找合夥人進行融資？自己現在準備創辦的項目是否有核心技術？是否自己就能解決技術方面的所有的問題？你投資的項目目前是否已經做過了詳細的市場調查，是否有明確的行銷管道和方法？如果以上問題都可以靠自己解決，那麼目前就不需要尋找合夥人，但是如果在某些方面有欠缺，就需要借助外力，需找合適的合夥人了。

哪幾種人創業失敗的機率最大

「九年級」人群隨著自主創業的比例越來越大，創業失敗的比例也在逐漸增高。據有關統計，在發達國家，每年都有上百萬家新企業誕生，35% 的新企業在當年就失敗了，活過五年的只有30%，生存十年的僅為 10%。在，創業失敗的資料同樣嚴峻。該統計結果顯示，創業企業每一百家企業中只有二十家到三十家可以熬過一年，而熬過三年的企業只占這其中的 30%，至於如今流行的大學生創業，成功率更是低至 3%。

創業為何如此艱難？

究其原因，主要有以下十種可能：

一、價值取向固化，改變固有思維很困難，也許你在之前的工作職位上形成的價值取向固化有利於職業化發展，但是這對創業是極大的障礙，很難打碎重塑價值取向；

二、原動力不同，有些創業者的原動力為事業而非為生存，生存會破釜沉舟，為事業發展動力將大打折扣；

三、給自己留有太多退路，創業過程中困難重重，有些創業者遇到困難就想逃，心理上暗示自己時刻想溜；

四、機會太多，面臨誘惑太多，選擇出來創業的人多數在原來的公司做得風生水起，廣泛的社會資源關係會帶來很多機會和誘惑，於是往往心猿意馬，朝三暮四；

五、時間分散、精力不集中，人的時間和精力都是有限的，分散了平均用力，往往什麼事情都做不成；

六、管理能力強、經營能力弱；

七、社會約束太多，做事情縮手縮腳；

八、見多識廣，高不成低不就，找不到切入點，看到西瓜沒工具切開，又不想彎腰撿芝麻；

九、抗風險的能力低，贏得起，輸不起；

十、由於市場化程度還較低，創業教育幾乎是空白，「九年級」年輕創業者在創業時缺乏創業的知識和技能，從而導致創業失敗。

那麼，什麼樣的人創業最容易失敗呢？

一、衝動型創業者。這類創業者未經過認真思考，便心血來潮的開始創業行動。要時刻謹記：創業需要的是熱情而不

是衝動。

二、「紅眼」型創業者，這類創業者看別人經營某項生意賺了錢，認為自己做也能賺錢，於是也不考慮自身條件或時機是否成熟，就執意模仿和跟風。

三、寬泛型創業者，這類創業者在事業起步之初就同時操作很多專案，或者經營很多產品，但卻沒有一個核心專案或核心產品，做市場時也不講策略而四面出擊。

四、自戀式創業者，這類創業者往往認為自己生產的產品和提供的服務是最好的，忘了強中更有強中手的古訓。

五、超限型創業者，這類創業者在創業時超出了自己能力所及，包括資金能力、資源調度能力等，或違背國家政策，如在國家限制或不鼓勵的產業領域搞經營。

六、懶惰型創業者，這類創業者做的是「坐商」而不努力做「行商」，主動開展業務及拓展市場的意識弱，或者僅憑廣告等待業務的到來。

七、完美型創業者，這類創業者凡事都追求完美，卻不知完美也需要成本。他們過分注重公司基礎建設，總想一鳴驚人，卻導致蓄勢週期過長。

八、依賴型創業者，這類創業者不具備主營業務拓展能力，過度依賴他人。

九、情緒型創業者，這類投資者的情緒經常變化較大，大喜大悲，從而影響了工作氣氛與戰鬥力，或常被眼前的幻景或表象而迷惑。

十、短視型創業者，這類投資者的目光短淺、行為短期，總是看著眼前的蠅頭小利，甚至搞一些欺騙合作夥伴、客戶以及員工的小伎倆，殊不知「小勝靠智，大勝靠德」。

讀者互動

問：我的本錢不多，但是我的專案有很好的發展前景，不如就先這樣開始創業吧？

答：創業之初，流動資金很重要。很多人正是忽視了這一點，所以在沒有足夠的流動資金的前提下就貿然創業。殊不知，很多人在創業後經營不是很順利的時候，需要堅守一段時日時，就因為沒有充足的流動資金而不得不提前關門。如果創業者在創業時沒有充足的流動資金以維持半年以上的運作，最好不要輕易去創業。

網路開店，B2B 時代的生財之道

網路購物已成為趨勢，我們自然不會落後於這個潮流。但是，我們「九年級」並不是只在網上花錢，我們還可以透過網路賺錢。

網路不再虛幻。「九年級」的年輕人由於缺乏一定經驗及啟動資金，做實體也許會到處碰壁，但是網路讓無數人的創業夢想提早成真，而一個剛剛開掘出來的金礦也正在向九年級人展露迷人笑靨。

二十五歲的小薇已經在網路做了一年多網拍生意，剛畢業的

時候，由於一時沒有找到合適的工作，於是萌發了在網路開店的想法。小薇說，在網路開店很簡單，首先要選定一個適合自己的電子商務網站，現在這類的網站有很多。開店最重要的是信譽要好，也就是信譽度高，得到顧客的好評越多，網店的排名就會越靠前，出於安全的考慮，多數顧客都會選擇在那些排名靠前的小店裡買東西。

說到收入，小薇說，剛開店時肯定會有一段收入不如意的時間，但是只要把握住了時尚潮流，再贏得良好的信譽，小店的人氣肯定會越來越旺的，一個月下來不比上班族賺得少。

現在網路開店的人越來越多，賣的東西更是五花八門，應有盡有。據淘寶網的某經理介紹，現在在淘寶網上，小至文具，大到汽車家電，全新的、二手的，一應俱全。網路的個性化產品無奇不有，只要你盡心去找，不怕找不到心愛之物。商品如此之多，要想自己的商品賣得好，在眾多網店中脫穎而出，進貨管道很重要。

一般來說，主要的進貨管道主要有以下幾種，哪種最適合自己，還要根據你的實際情況具體選擇。

1. 批發市場

在批發市場中尋找貨源是最簡單、最常見的方法，但是現在很多賣家都把目光轉向商品的原產地，而忽略了批發市場這個最簡單的途徑。在你開設網店之初，如果商品的銷售量達不到一定量的話，在本地的批發市場進貨已經完全可以滿足你的需求了。如果你的小店是經營服裝，那麼你可以去周圍一些大型的服裝批發市場進貨，在批發市場進貨需要有強大的議價能力，力爭把價格壓到最低，同時還要與批發商建立良好合作關係，在關於調換貨品的問題上與批發商說清楚，以免日後起糾紛。

- 優勢：更新快，品種多；
- 劣勢：容易斷貨，品質不易控制；
- 適合人群：當地有這樣的大市場，自己具備一定議價能力的人群。

2. 廠商

廠商的貨源都比較充足，而且信用度高，如果長期合作，一般都能爭取到產品調換。但是通常廠商的批發數量較高，不適合剛開始經營網路商店的小批發客戶。但是如果你有足夠的資金儲備，而且有分銷管道，沒有庫存的危險，那麼廠商直接進貨是個不錯的選擇。

- 優勢：品質、價格；
- 劣勢：資金、庫存壓力，產品單一；
- 適合人群：有一定的經濟實力，並有自己的分銷管道。

3. 批發商

批發商一般都直接從廠商供貨，貨源較穩定。不過因為他們已經做大了，訂單較多，服務難免有時會跟不上。而且他們都有自己固定的老客戶，一般人很難和他們談條件，除非當你成為他們大客戶後，才可能有折扣和其他優惠。

- 優勢：貨源充足，選擇種類多；
- 劣勢：售後服務跟不上；
- 適合人群：有自己的分銷管道，銷售量較大。

4. 品牌代理商

你可以注意一下正規專賣店，並一定要去聯繫一下，肯定會有很多發現。但是相對來說，直接聯繫品牌經銷商，需要更大的進貨量。一般來說，越是大的品牌，它的價格折扣就越高，真正賺的錢，只是在完成銷售額後拿的返利。如果你的網店已經發展到了一定程度，想走正規化路線，這就會是個不錯的選擇。

- 優勢：貨源穩定，管道正規，商品不易斷貨；
- 劣勢：更新慢，價格相對較高，利潤低；
- 適合人群：想做品牌旗艦店的人群。

5. 代銷式供應商

這是現在最流行最普遍的一種供應方式。商品的圖片及介紹都由供應商提供，賣出後也可從供應商處直接發貨（代發貨）。對於新手來說，這是個不錯的選擇。因為所有的商品資料都是齊全的，你需要做的就是把商品賣出去。不過，選擇這種供應商的時候，一定要注意他的信用度和商品品質，否則遇到糾紛就不好解決了。

- 優勢：簡單省事，滑鼠一點，連發貨都不用自己管，坐收傭金，風險低，資金投入最省；
- 劣勢：商品不經過自己的手，品質難控制，由於對商品可能了解不夠，與客戶溝通較複雜，操作不好會得普評或負評；

- 適合人群：低成本創業的 C2C 網路商店店家。

6. 各種展會、交易會

不要小看每年各個行業召開的這種展覽會。這些展覽會所聚集的大部分都是廠商，因此，當生意已經有所起色，而苦於貨源不夠好的時候，就可以參加一些這樣的展覽會，接觸真正一手貨源，大膽的和廠商真正建立合作，對長期發展壯大很有好處的。參加這種展會最好以專業人士身分參加，帶好名片和身分證，讓廠商感覺你是專業人士，談生意也比較容易。

- 優勢：成本低，競爭力強，商品品質穩定，售後服務有保障；
- 劣勢：一般不能代銷，需要有一定的經營和選貨經驗，資金投入大，風險較大；
- 適合人群：資金實力雄厚者。

7. 外貿產品

現在很多工廠在外貿訂單之外或者為一些知名品牌的貼牌生產之外都會有一些剩餘產品處理。這些剩餘產品的價格通常十分低廉，一般為市場價格的二折到三折左右，品質做工絕對保證。

- 優勢：價格低廉、品質有保證；
- 劣勢：一般要求進貨者全部購進，所以創業者要有經

濟實力；

· 適合人群：有一定的貨源管道，同時有一定的識別能力。

8. 庫存積壓或清倉處理產品

因為著急處理，這類商品的價格通常是極低的，如果你有足夠的討價還價能力，可以用一個極低的價格拿下，之後再轉到網上銷售，利用網上銷售的優勢獲得足夠的利潤。這種進貨管道要求你對產品品質有識別能力，同時能把握發展趨勢並要建立好自己的分銷管道。

· 優勢：成本低；

· 劣勢：具有很多的不確定因素，進貨的時間、地點、規格、數量、品質等都不在自己掌控之內；

· 適合人群：適合有一定的資金實力，對這個行業比較的了解。

9. 特別的進貨管道

如果有親戚或朋友在香港或海外，就可以找他們幫忙代購，進到一些市場上看不到的商品或是價格較高的產品。如果你的工作、生活處在邊境，也可以辦張通行證，自己親自出去進貨，這樣就很有特色或是價格優勢。

讀者互動

問：我是個剛畢業的女生，目前我想在網路開個店，賣什麼東西最賺錢呢？

答：曾經有一個故事說，在美國西部的淘金狂潮中，許多人都湧向西部，前赴後繼的瘋狂淘金。但也有少數聰明的人向淘金者賣水，淘金者用挖出的金子來交換水。幾年過去了，真正淘到金子的人沒多少，而在路邊向淘金者賣水的人卻都賺了大錢。最後，挖金的人大都死於飢渴，而賣水的人卻大多衣錦還鄉了。網路開店同樣如此，現在網上各類商品都應有盡有，很難找出某類商品的藍海市場，因此，開店不妨選擇周邊商品，如開店需要拍商品圖片的攝影器材，店鋪裝修，郵寄商品的各種紙箱、破壞袋等用品，店鋪規劃、開店建議、開店點子等。爭取做一個向淘金者提供商品和服務的賣水者。

業餘經商，小資本也可以過老闆癮

我們這一代，正趕上電腦、智慧型手機、網路普及的時代，與父輩們相比，我們有著更為優越的成功必要條件：「九年級」創業者往往更具全球化的眼光，他們迷戀網路，並願意為了夢想，付出常人難以想像的時間和精力。

對財富的強烈渴望決定了新一代「九年級」創業者的成功，因此，如今「創業」的代名詞不再是「魯莽」、「投機」和「風險」，取而代之的是「機會」。

我們都知道，要想賺錢，要麼去打工，拿自己的時間、腦力、體力與老闆作交換換取報酬，打工者很少有財務自由，總是處於生

活和工作的壓力中；另一種就是自己做自己的老闆，透過投資實現財務自由。試想一下，如果能將二者結合，上班族利用業餘時間經商，那麼，將獲取雙倍的報酬。

不久前，有一家機構調查上班族最熱衷的創業專案，一共有十個，依次為：擺地攤賣服裝飾品，炸雞排、鹹酥雞等小吃攤，咖啡店，開網路商店，便利商店，飲料冰品店，連鎖加盟餐飲，英文補習班，升學補習班，瘦身美容用品或服務。這十個項目有一個共同的特點，就是投資金額較少，而且較為方便。

當然了，再方便的資本經營也是要付出努力的，有多少人曾經因為經商太辛苦而中途放棄。因此，不管你是創業者還是普通的打工族，在打算投資創業之前都應該給自己設定一個目標，可以是長期的，也可以是眼前的。但要記住，目標是給自己定的，而不是給外人看的，適合自己最重要。

不少有創業想法的年輕人都會反覆猶豫同一個問題：自己適不適合創業，在沒有經商經驗的情況下怎樣才能從小做大？其實這一點很容易就能夠得到答案，你可以拿五百元去當地的蔬菜批發市場批發蔬菜，然後到你熟悉的居民社區去賣。如果一天下來能把菜賣掉，並且還賺到了錢，那就證明你能夠去做生意。如果你連這一點都做不到，那就要好好思考一下了，也許去上班做好本職工作更適合你。不要小看販賣蔬菜，還在讀大學的張強就是借此賺取了自己的第一桶金。

張強是大二的學生。看上去個子不高、略顯瘦弱的男生與其他學生並沒有什麼不同，但根據他的同學說，他一出校門就搭計程車，還有就是電話特別多。

事實上，外表並不起眼的張強在外可是小有名氣的。張強的家位於郊區的蔬菜產地，村裡人大多以種植蔬菜為生。據他講，在他剛上大一的時候，他到學校附近的村子裡看望一位老鄉，發現村裡到處都是人力三輪車，在老鄉租住房的通道裡，也停著兩三輛三輪車。老鄉告訴他，這些三輪車都是用來給各飯店送蔬菜的。

張強的腦子裡冒出來一個大膽的想法，自己的老家就是產蔬菜的，何不自己找車將蔬菜拉來賣？有了想法馬上就付諸行動，張強跑到周圍的幾個飯店，飯店的老闆們都表示，只要蔬菜新鮮，價格合理，他們就要。張強心想，現在銷路有了，只要出運費，找車拉菜應該沒有問題。父親可以從村裡其他菜農那裡收蔬菜，這樣貨源也不是問題了。

在業餘時間裡，張強跑遍了都市的各大飯店，聯繫了每家有蔬菜需求的飯店，無論規模大小，只要需要蔬菜，就與其簽訂蔬菜供求契約，之後再組織運輸車輛從家鄉運來蔬菜。有人曾笑稱他提供的是蔬菜產、供、銷一條龍服務。

與此同時，張強的辛苦也給他帶來了豐厚的報酬，他是同學中「最先富有起來」的人，不僅學費、生活費不用再向家裡要，他更為自己將來的創業積蓄了本金。此外，他的會計學功課很好，據張強自己說，因為每天都需要不停的計算，想學不好都不行。

不過，儘管張強的生意做的有聲有色，但他與父親有一份協

定，就是絕不能耽誤學業。

由此可見，只要肯動腦，販賣蔬菜也能發大財。不過，商場即戰場，張強只是其中比較幸運的一個。市場風雲變幻莫測，百萬元投資也可能只是打個水漂，根本顯現不出來。對於「九年級」的年輕創業者來說，更要加倍小心。

小宇剛剛畢業一年，因看不慣老闆的為人，工作僅半年就出來自己創業了。小宇選擇投資鐵板燒烤爐項目，並對此充滿信心，他認為這個項目必將給他帶來不菲的收益。透過關係，小宇輕而易舉就從銀行「套」到了大筆資金，這更加讓他信心滿滿。小宇很看不起同行們縮手縮腳的樣子，他認為，要做就大幹一場。

這種盲目自大的心態使他忘記了自己企業抵抗風險的能力。他一心只想擴大投資規模，將「攤子」鋪得越來越大，公司負債也隨之越來越多，對此小宇卻毫不在乎，一點也不感到害怕。在他看來，一旦企業運轉起來，這些債務都不是問題。

但等到企業運轉起來之後他才發現，同樣生產鐵板燒烤爐的競爭對手的錢也賺得差不多了，開始拼命殺價，小宇的產品生產出來了卻賣不出去，頓時陷入危局。

像小宇這樣一開始就把攤子鋪得很大，幾乎是一些創業者的通病，殊不知種種危機蟄伏其中，一不小心就可能全盤皆輸。同時，在經濟快速成長的時期，人們更容易信心過度，對未來估計過於樂觀，忽視風險，一旦有風吹草動，就會陷入危局和困境。私人企業中有名的史玉柱的「巨人」大廈就是一個例子。

第 10 章　自主創業篇—我的地盤我做主

要知道，經商這碗飯還真不是人人都能吃的，在選擇經營項目的時候一定要多加對比，多方了解。最好選擇一些朝陽行業，一個行業只有在剛開始形成的時候，才會降低門檻，接受早期從業者資金不多、能力不強、經驗有限的劣勢，等到這個行業發展到比較成熟的階段時，這個行業就成了資本的天下，就會慢慢從自由競爭發展到壟斷競爭階段。

經調查，多數創業研究專家和生意場上的實戰人士，都比較看好以下幾個行業專案的發展「錢」景，「九年級」創業者不妨根據自己的情況從中進行選擇。

1. 餐飲業

正所謂「民以食為天」，每個人都要吃飯，餐飲業有更為廣闊的市場。在未來幾年內，餐飲業仍是最被看好的大眾化創業行業。另外，餐飲業因投資門檻最低、爆發力最強，也一直大受從商人士的歡迎。就目前來看，早餐店、休閒飲品店和中式特色小吃店最具賺錢潛力。經營早餐店與休閒飲品店具有本低利豐、回收快的優勢，而平均淨利潤卻在百分之三十左右，一般六個月或九個月即可收回投資成本，因此是許多創業者首先應考慮的選擇。

另外，隨著各地百姓生活層次的提高，相較於鍋貼、粥品等傳統中式小吃，各種中式的地方特色小吃也有興起之勢。

2.「健康」產品

我們在前面說過，沒病就是賺，投資健康就是最大的節約。大家對健康概念越來越關注，因此與人們健康緊密相關的藥局和生機

食品，都是「錢」景不錯的創業方向。

3. 兒童產品

少子化，孩子成為家庭消費的軸心，家長們在為嬰幼兒選擇衣物、玩具等商品時，特別注重商品的安全性、教育性和個性化。因此，一些品質優良、價位適中的品牌兒童用品的專賣店，將成為未來嬰幼兒用品市場的主流。

4. 女性用品

女性用品也是賺錢的行業，女性經濟能力及消費觀念的大幅提升，各種新型化妝護理概念每天都在改變女人的生活，護膚、美甲、護髮、SPA、塑身等，長期吸引著不少女性消費者。

5. 老年產品

按照國際上六十歲以上老年人口達到百分之十、六十五歲以上老年人口達到百分之七即為進入老齡化社會的標準計算，許多國家都已經達到標準。老年用品和服務的市場需求每年增長，供需之間的巨大差距讓老齡產業「商機無限」。

而且，老年人的消費能力也相當可觀，老年消費市場是一個現實存在的巨大市場。

綜上所述，上班族只要用心觀察，眼光精準，正確判斷，勇於出手，再加上一點吃苦耐勞的精神，在工作之餘賺些外快並不是件難事。

讀者互動

問：我平時工作比較清閒，收入穩定但薪資不高，我想投資一家平價海鮮快炒店，有發展前景嗎？

答：平價海鮮快炒店以每盤海鮮平價的價格，很容易被都市居民接受。但要這類店面的開店成本是經營者要冒一定的風險，因此，如果能以連鎖加盟的方式經營，就可以透過壓低海鮮進價而降低成本，並提高毛利和增加盈利空間。

國家圖書館出版品預行編目資料

投資不投機：儲蓄 × 基金 × 證券，精打細算，突破盲點，人生第一桶金早就捧在懷裡！ / 梁夢萍，永樂 著 . -- 第一版 . -- 臺北市：財經錢線文化事業有限公司, 2022.12

面； 公分

POD 版

ISBN 978-957-680-559-2(平裝)

1.CST: 個人理財 2.CST: 投資

563　　111019110

投資不投機：儲蓄 × 基金 × 證券，精打細算，突破盲點，人生第一桶金早就捧在懷裡！

臉書

作　　者：梁夢萍，永樂

發 行 人：黃振庭

出 版 者：財經錢線文化事業有限公司

發 行 者：財經錢線文化事業有限公司

E-mail：sonbookservice@gmail.com

粉 絲 頁：https://www.facebook.com/sonbookss/

網　　址：https://sonbook.net/

地　　址：台北市中正區重慶南路一段六十一號八樓 815 室

Rm. 815, 8F., No.61, Sec. 1, Chongqing S. Rd., Zhongzheng Dist., Taipei City 100, Taiwan

電　　話：(02) 2370-3310　　傳　　真：(02) 2388-1990

印　　刷：京峯彩色印刷有限公司（京峰數位）

律師顧問：廣華律師事務所 張珮琦律師

定　　價：370 元

發行日期：2022 年 12 月第一版

◎本書以 POD 印製